Max Eugen Burckhard

Aesthetik und Sozialwissenschaft

Max Eugen Burckhard

Aesthetik und Sozialwissenschaft

ISBN/EAN: 9783744655767

Hergestellt in Europa, USA, Kanada, Australien, Japan

Cover: Foto ©Thomas Meinert / pixelio.de

Weitere Bücher finden Sie auf **www.hansebooks.com**

Aesthetik und Sozialwissenschaft.

Drei Aufsätze

von

Dr. Max Burckhard.

I. Die Kunst und die soziale Frage.
II. Volkstümliche Klassikeraufführungen.
III. Die Kunst und die natürliche Entwicklungsgeschichte.

Stuttgart 1895.
Verlag der J. G. Cotta'schen Buchhandlung
Nachfolger.

Druck der Union Deutsche Verlagsgesellschaft in Stuttgart.

Vorwort.

Einer ehrenden Einladung der Verlagshandlung folgend lasse ich hiermit einen Vortrag, den ich in diesem Jahre in der Wiener Grillparzer=Gesellschaft über „die Kunst und die soziale Frage" gehalten habe, als Flug=schrift erscheinen und gebe demselben zwei ältere Aufsätze, die mit ihm in engerem Zusammenhange stehen, gewisser=maßen mit ihm ein Ganzes bilden, bei. Es sind dies ein im Jahre 1893 in „Nord und Süd" erschienener Essay „Die Kunst und die natürliche Entwickelungs=geschichte" und ein 1894 in der Gartenlaube veröffent=lichter Bericht über „Volkstümliche Klassikeraufführungen".

Mir hat es leider bisher an der Zeit gefehlt, das zumeist nur skizzenhaft Angedeutete auszuführen und zu=

sammenfassend zu behandeln, und so habe ich auch kleinere Aenderungen unterlassen und in dem ersterwähnten Aufsatze die ursprüngliche Form des Vortrages beibehalten.

Wien, April 1895.

Dr. Burckhard.

I.
Die Kunst und die soziale Frage.

Vortrag, gehalten in der Grillparzer=Gesellschaft in Wien
am 19. Februar 1895.

Ein Schriftsteller, der im engen Rahmen eines Aufsatzes oder einer Broschüre einen Stoff bewältigen soll, für den der knappe Raum nicht ausreicht, fängt gewöhnlich damit an, daß er sich einen guten Teil des verfügbaren Platzes mit einer Einleitung wegnimmt, in der er ausführt, was er eigentlich alles sagen sollte und was er alles nicht sagen kann.

Ich muß leider als Vortragender heute diesem bösen Beispiele folgen, denn nur auf dem Wege einer wenig= stens skizzenhaften Besprechung jener Beziehungen zwi= schen der Kunst und der sozialen Frage, von denen ich eingehend nicht reden kann, vermag ich zu den Be= ziehungen zwischen Kunst und sozialer Frage zu gelangen, für deren Erörterung ich mir Ihre freundliche Aufmerk= samkeit erbeten habe.

Wenn jemand von der sozialen Frage spricht, so denken er und seine Zuhörer hierbei gewöhnlich an die soziale Frage unserer Zeit, das ist an die Summe aller der Fragen, welche jene an die Zukunft richten, die von ihr eine mehr oder minder gründliche Aenderung unserer gegenwärtigen Gesellschaftsordnung erhoffen.

Und diese einseitige Begrenzung des Begriffes der sozialen Frage geht so weit, daß man gelegentlich das Auftreten „der" sozialen Frage als eine besondere Eigentümlichkeit unseres Zeitalters, ihr Vorhandensein als eine besondere Gefahr desselben bezeichnet und ganz vergißt, daß die soziale Frage genau so alt ist, wie die menschliche Gesellschaft selbst, daß sie nichts anderes ist, als die Frage nach dem Entwickelungsgange der Menschheit, nach jenem Fortschritte, den wir mit stolzer Befriedigung überblicken, wenn wir die Augen in die Vergangenheit schweifen lassen, und dem wir bang entgegenzittern, wenn wir das Dunkel zu durchbringen suchen, in dem sich der Pfad vor unseren Augen verliert.

Die soziale Frage ist also eine Entwickelungsfrage. Jede Entwickelung braucht eine treibende Kraft und diese treibende Kraft beruht in dem Widerstreite der verschiedenen Elemente, die in dem einseitigen Bestreben, sich zu behaupten, sich insgesamt fortwährend wechselseitig verändern. Jede chemische Veränderung beruht auf einem solchen Kampfe der Atome und Moleküle und fortschreitend ganz ebenso jede physiologische, nur daß hier neben den Atomen und Molekülen die Zellen und Organe als kämpfende Individuen auftreten, und ebenso wieder jede soziale Veränderung, nur daß hier die menschlichen Individuen selbst die Vorkämpfer sind.

Zu jedem Kampfe brauchen die Kämpfer Kampfesmittel, das ist Waffen, und so können auch die Kämpfer im sozialen Kampfe, die Menschen, der Waffen nicht entbehren. Die Waffen, die ich meine, sind aber nicht Schwerter und Geschosse. So unangenehm sich dem Einzelnen ihre Wirkung gelegentlich bemerkbar machen kann, so geringfügig ist ihre — meist hochüberschätzte — Bedeutung in den Entwickelungskämpfen der Menschheit. Sie erscheinen als nicht viel mehr denn Theaterkram aus Holz und Pappe, vergleicht man sie mit den wahren Waffen der Menschheit. Diese sind die Ideen.

Aus den mechanischen Kämpfen der Individuen um ihre Existenzbedingungen haben sich die Ideen herausgebildet; sie haben die Horden zu gesellschaftlichen Organismen umgewandelt, Staaten begründet und zertrümmert, Sieg und Niederlage verliehen, und besser als Schild und Schwert, Schloß und Riegel, Wall und Graben, beschirmen sie Herrschaft, Macht, Besitz; und wie im Kriege bei der fortschreitenden Technik desselben der Kampf mit den Angriffs- und Verteidigungsmitteln zu einem Kampfe um dieselben wird, Geschütze, Schiffe, Schanzen, Forts, Festungen zu Kampfesobjekten werden, so werden im sozialen Kampfe die Ideen selbst wieder Gegenstand des Streites. Die einen trachten, gewisse Ideen zu befestigen, weiter zu entwickeln, die anderen bekämpfen sie, suchen sie zu vernichten, führen neue Ideen gegen sie zu Felde — und so gehen soziale Entwickelung und Entwickelung der Ideen fortschreitend Hand in Hand.

Wenn wir nun auf die Entwickelung der Ideen blicken, so finden wir [unschwer] zwei Grundideen, um welche alle anderen sich bewegen: die ethische Idee, getragen von dem ethischen Wohlgefallen an dem, was unserer Ansicht nach sein **soll**, und die ästhetische Idee, getragen von dem ästhetischen Wohlgefallen an dem, was **ist**. Wir wollen sie der Kürze halber einfach die Idee des Guten (mit ihrem Korrelat der Idee des Bösen) und die Idee des Schönen (mit ihrem Korrelat der Idee des Häßlichen) nennen, wenngleich diese Bezeichnungen nicht völlig treffend sind.

Wir haben es hier nur mit der ästhetischen Idee zu thun. Aber auch hinsichtlich ihrer kann ich nicht des näheren ausführen, wie sie entstanden ist und in steter Wechselwirkung mit der ethischen Idee sich weiter entwickelt hat, sondern muß mich mit dem bloßen Hinweis begnügen, daß die ästhetische Idee die Quelle jener schöpferischen menschlichen Thätigkeit ist, welche wir die Kunst nennen, und daß, da die ästhetische Idee zugleich eine der treibenden Kräfte der sozialen Entwickelung ist, hiermit auch [die Berührung der Kunst mit der gesellschaftlichen Entwickelung und den sie betreffenden sozialen Fragen gegeben ist.

Die Wechselbeziehung zwischen der Kunst und der sozialen Frage ist nun aber eine doppelte. Einmal beeinflussen die sozialen Bestrebungen den gegenständlichen **Inhalt** der Kunst und diese wirkt dann durch die künstlerische Gestaltung der durch sie propagierten Ideen fördernd auf die soziale Bewegung selbst zurück; dann aber hat die Kunst durch das ihr innewohnende **formale** Moment, ganz abgesehen von dem konkreten Inhalte der Kunstwerke, einen mächtigen Einfluß auf die gesellschaftliche Entwickelung, und dieses letztere Moment ist es, von dem ich eingehender sprechen will, während ich hinsichtlich des ersteren mich auf einige skizzenhafte Bemerkungen beschränken muß.

Ich habe bereits in einem in der Zeitschrift „Nord und Süd" erschienenen Aufsatze [1]: „Die Kunst und die natürliche Entwickelungsgeschichte" zu zeigen versucht, daß die ästhetischen und ethischen Ideen sich aus den rohen animalischen Trieben der Menschheit heraus entwickelt haben, um sie zum Vorteile der Gesamtheit und hiermit auch zum Vorteile der von ihr umfaßten Individuen zu leiten, einzudämmen, zu läutern, und daß der erwachte Kunstsinn ein wesentliches Hilfsmittel war, die ethischen Ideen zu kräftigen, ihre Herrschaft zu erweitern und zu sichern.

Die Kunst jeder Zeit knüpft an die Bedürfnisse ihrer Zeit. Und so finden wir zunächst, daß in den frühesten Perioden kultureller Entwickelung, in welche unser Auge zu bringen vermag, und welche wir überall als das heroische Zeitalter bezeichnen können, in dem noch die Kraft des Individuums im Vordergrunde stand, die Verherrlichung körperlicher Eigenschaften und mit ihr im engsten Zusammenhange stehender psychischer Eigenschaften den Inhalt künstlerischer Schöpfung bilden. Zunächst sind es insbesondere die Kraft und die Schönheit, letztere als der Inbegriff einer Reihe für die natürliche Zuchtwahl der Geschlechter förderlicher Qualitäten, der Heldenmut, List und Klugheit, welche die Dichter preisen und deren Anwert sie hierdurch selbst wieder erhöhen.

Aber mit der den Individualismus beschränkenden

---

[1] Derselbe folgt unten S. 46.

Fortbildung der Gesellschaftsformen treten andere „Tugenden" in den Bannkreis künstlerischer Verherrlichung, Gehorsam gegen die Machthaber, Vaterlandsliebe, Bürgersinn, Familiensinn, Religiosität, Rechtlichkeit werden Leitmotive dichterischen Schaffens, und auch die bildende Kunst, in ihren Anfängen wohl zunächst nur an das praktische Bedürfnis nach Mitteilung anknüpfend, tritt in den Dienst der immer mehr erstarkenden Ideen.

Wir sind mit den genannten ethischen Ideen eigentlich auch schon in das Gebiet der sozialen Ideen eingetreten, das ist jener Ideen, welche die Vermittelung zwischen den vorhandenen sozialen Gegensätzen zum Gegenstande haben. Es zeigt sich nämlich ein doppelter Weg für diese Vermittelung. Man kann davon ausgehen, daß jene Gegensätze auf innerer Notwendigkeit beruhen oder ihr Fortbestehen mindestens angemessen ist, und daß es sich nur darum handeln kann, sie zu mildern und erträglich zu machen — oder man kann ihre völlige Behebung zum Ziele nehmen. Man könnte sich verleiten lassen, zu sagen, die Ideen der ersten Kategorie seien aus der besonnenen Klugheit jener erwachsen, welche ihrer Macht Schranken auferlegten, um das Auftreten der umstürzenden Ideen der zweiten Kategorie bei den von Macht und Besitz Ausgeschlossenen hintanzuhalten — man könnte dies sagen, wenn die Ideen überhaupt aus klügelnder Berechnung entspringen und sich nicht vielmehr aus der inneren Natur der Verhältnisse herausentwickeln würden, mit der Kraft des Unbewußten, die nicht auf erkannter Zweckmäßigkeit, sondern auf einer aus dem thatsächlichen Bedürfnis herausgewachsenen Empfindung beruht. Thatsache aber ist, daß die Ideen, welche auf Milderung der sozialen Gegensätze hinzielen, bei den verschiedenen Kulturvölkern immer viel früher solche Macht und Bedeutung erhielten, daß sie den Inhalt künstlerischen Schaffens zu influenzieren vermochten, ehe jene anderen sozialen Ideen, welche eine neue Gesellschaftsordnung anstreben, in der die sozialen Gegensätze beseitigt werden sollen, aus dem rohen Vernichtungsdrange einzelner Unzufriedener heraus sich so weit abklärten, daß sie überhaupt greifbare Form und Gestalt erhielten.

Auf dem Gebiete der Religion und speziell des Christentums hat die soziale Idee versöhnender Ausgleichung tiefere Wurzeln geschlagen und ihre ersten Früchte gezeitigt, aber mächtige Förderung hat sie auch durch die Kraft der schaffenden Künste erfahren.

Wenn wir auf jenes Gebiet der Kunst blicken, in welchem der Natur der Sache nach alle ethischen, politischen, sozialen Bewegungen sich am klarsten widerspiegeln, auf das der litterarischen Produktion, so sehen wir, wie uns in der morgen- und abendländischen Dichtung die Nichtigkeit und Wertlosigkeit des Irdischen in ungezählten Beispielen dargelegt wird, so daß die vorhandenen Gegensätze zu bloßem äußerem Scheine herabsinken; wir sehen, wie die Kraft der Entsagung gepriesen, die Uebung des Mitleids mit allen Hilfsbedürftigen als die höchste Tugend in überirdischer Herrlichkeit vorgeführt wird. Und da der Gegensatz von arm und reich am schroffsten in die Augen sprang, weil er immer und überall bei jeder Gelegenheit sich geltend macht, so erschien gelegentlich die Freigebigkeit als die oberste der sozialen Tugenden, und die Dichter des Mittelalters wissen keinen Vorzug an den „Herren" und „Frauen" so zu preisen, wie die „Milde", und wandeln so dieselben Bahnen, welche lange vor ihnen im fernen Osten die fahrenden Sänger des Rigveda, die Rishis, so erfolgreich betraten, die eine eigene Gattung von Liedern, die Danastutis, zur Verherrlichung der Freigebigkeit fürstlicher Sängerfreunde geschaffen hatten. Ja selbst der Diebstahl fand seine Lobredner, wenn er nur zum Zwecke der Mildthätigkeit verübt wurde.

Weder die primitivste der sozialen Ideen, die des im Schenken bestehenden Wohlthuns, noch irgend eine andere soziale Idee ist aus abwägender Klugheit hervorgegangen — aber der Verstand, der stets gescheite Rechenmeister, bemächtigte sich gar bald der aus der Kraft des Gemütes entsprungenen Ideen und es entstand jene vernünftelnde bidaktische Litteratur, die uns behaglich auseinandersetzt, wie herrlich alles in dieser Welt eingerichtet ist, jene Litteratur, als deren Musterbeispiel uns Pestalozzis „Linhart und Gertrud" gelten kann, die uns nebeneinander den bösen reichen Mann und den braven armen Mann vorführt, und uns zeigt, wie es zum Schluß dem bösen Mann sehr schlecht und dem braven Mann sehr gut geht, wie zum Schluß der böse Mann kein Geld, der brave Mann aber viel Geld besitzt, womit dann die soziale Frage in befriedigender Weise gelöst erscheint.

Diesem läuternden, mildernden, besänftigenden, gelegentlich beschwichtigenden, schönfärbenden Einfluß der sozialen Ideen versöhnenden Charakters auf die Kunst steht aber ein Einfluß ganz anderer Natur gegenüber, der Einfluß, den jene sozialen Ideen auf den Inhalt der

Kunst gewinnen, deren Träger am sozialen Bau nicht glätten, tünchen, ausbessern wollen, sondern die ihn von Grund auf ändern, am liebsten sofort niederreißen möchten, um ihn dann gelegentlich einmal neu aufzubauen.

Wie alle größeren Ideen und die durch sie hervorgerufenen Bewegungen, seien sie nun politischen, nationalen, religiösen oder sonstigen Charakters sich im jeweiligen Inhalt der schaffenden Künste widerspiegeln, so haben auch die auf eine radikale Umgestaltung der Gesellschaftsordnung hinzielenden sozialen Ideen, wo immer sie auftraten, auch die Macht der künstlerischen Produktion in ihre Dienste zu stellen versucht.

Es ist kein Zufall, daß mit dem stärkeren Anschwellen jener Bewegung, welche auf eine Umgestaltung unseres sozialen Lebens zielt, auch in der Kunst eine Richtung sich kräftig bemerkbar macht, welche diese in neue Bahnen zu lenken sucht. Nicht mehr die Idee der Schönheit, sondern die der Wahrheit soll die treibende Kraft künstlerischen Schaffens sein.

„In den grellsten Farben schildert der Künstler das Elend der Massen, die rohe Vertierung des täglich um seine Existenz ringenden Individuums, seine Ausbeutung durch den Besitzenden. Aber er bleibt nicht dabei stehen, er bekämpft die herrschenden Ideen in ihren Trägern, er sucht zu zeigen, daß diese Ideen der Wahrheit des Lebens nicht entsprechen, daß die rohe Genuß= und Selbstsucht sie sich nur als prunkenden und schützenden Mantel umgeschlungen haben; die Abscheu erweckende Verkommenheit wird ihm zum Gegenstande seiner Darstellung, aber nicht einer versöhnend=abschließenden Darstellung, welche zeigt, wie die soziale Ordnung schließlich den Sieg davonträgt, sondern einer Darstellung, welche sich gegen die soziale Ordnung selbst richtet, ihre Impotenz darthun will, die „Tugend" unterliegen und das „Laster" triumphieren läßt. Einen Angelpunkt unseres sozialen Lebens bildet die Familie, und ihre Wurzel ist die Ehe. Und so richtet sich instinktiv gegen die Institution der Ehe und die Idee der Heiligkeit der Ehe offen und versteckt der Angriff. Hier wird die Idealität der freien Liebe gegenüber der nur durch sozialen Zwang zusammengehaltenen staatlich und kirchlich sanktionierten Geschlechterverbindung gepriesen, dort ein düsteres Bild des Elends der aneinander= geschmiedeten Gatten entworfen." (Die Kunst und die natürliche Entwickelungsgeschichte.)

Wenn früher der Dichter noch so verführerisch die Wonnen wild blühender Liebe schilderte, that er dies mit dem stillschweigenden oder ausdrücklichen Zugeständnis, daß sie unerlaubt seien; wenn er schon ein rechtes enfant terrible sein wollte, so deutete er an, daß er sich die süßen Freuden des Lebens nicht durch theoretische Skrupel verkümmern lasse: er sieht die gezogenen Schranken, er erkennt sie als thatsächlich vorhanden an — aber er springt hinüber. Heute stehen viele Erzähler und Dramatiker schon auf einem ganz anderen Standpunkte. „Schranken?" sagen sie — „wir sehen keine!" „Da seht nur her, wie ich herumrenne, überall wo ich will, ohne mich an eine Schranke anzustoßen." Oder sie machen es noch anders und sagen: „Die Schranken sind schon da, aber außer= halb ihrer wohnen Tugend und Sitte, ihr, die ihr drinnen herumschlendert, seid die Unmoralischen."

Die ganze naturalistische Doktrin, die Romantik des Elends, die Verherrlichung dessen, was den herrschenden ethischen Ideen widerspricht, ist ein aus dem Entwickelungskampf selbst herausgewachsenes Hilfsmittel desselben. Als je verwerflicher das Bestehende dargestellt wird, um so leichter mag der Kampf gegen dasselbe erscheinen. Aber auch hier sucht man nicht etwa mit bewußter Planmäßigkeit die Kunst in die Dienste des Umsturzes zu stellen, sondern weil dieser tragender Ideen zum Kampfe bedarf, sind diese Ideen aus der Bewegung selbst herausgewachsen; die Darstellung der nackten scheußlichen Wirklichkeit ist nicht etwa zu einem strategischen, sondern zu einem ästhetischen Prinzip geworden, weil Ideen nur dann wirksame Waffen sind, wenn sie von einer tiefen inneren Ueberzeugung getragen werden.

Wenn wir so — nur in skizzenhaften Andeutungen — den Weg verfolgt haben, den die sozialen Ideen im Gebiete der Kunst, den Inhalt des Kunstwerkes beeinflussend, zurückgelegt haben, so müssen wir nun, um zum eigentlichen Gegenstande unserer Darstellung, der Bedeutung des formalen Momentes der Kunst für die soziale Frage, zu gelangen, noch einmal zum Ausgangspunkte des künstlerischen Schaffens uns zurückwenden.

Der Kunstsinn ist hervorgegangen aus dem Schönheitssinn und dieser entsprang aus den Eindrücken, welche einerseits gewisse für die Entwickelung der Gattung förderliche Körpereigenschaften auf die Individuen dieser Gattung, andererseits die Erscheinungen der umgebenden Natur auf die inneren Stimmungen, insbesondere auf das ganze Liebesleben üben. Aber der Schönheitssinn ist

über seine unmittelbaren Entstehungsursachen hinaus=
gewachsen. Weil er nicht als bewußtes Mittel für
bestimmte Zwecke erfunden wurde, sondern aus inneren
Bedürfnissen heraussproß, und seine Wirkungen um so
sicherer eintreten, um so tiefer gehen, um so dauernder
nachhalten mußten, je kräftiger, je selbständiger er wurde,
ist er selbst zu einer schaffenden Kraft geworden, hat
Eigenschaften und Erscheinungen erfaßt und in seinen
Bereich gezogen, welche an sich mit der fortbildenden
Entwickelung nichts zu thun haben, erst durch ihn, den
Schönheitssinn selbst, einen schimmernden Abglanz er=
halten, der ihnen Bedeutung für das Individuum, für
die Gattung, für die Gesellschaft verleiht. Es bildet sich
die Idee des Schönen, der innere Drang, die Sehnsucht
nach dem Schönen als einem idealen Gute, das um seiner
selbst willen begehrenswert erscheint, und das der Mensch
daher selbst darzustellen, seiner Idee entsprechend zu ge=
stalten sucht: der Schönheitssinn wird zum Kunstsinn,
einem Schaffensdrang, der einerseits stets von den strei=
tenden ethischen und sozialen Ideen in ihre Dienste ge=
zogen wird, damit er durch seine Schöpfungen für sie
kämpfe, der andererseits selbst der Ausfluß einer Idee, der
ästhetischen Idee ist. So gewinnt die Kunst eine über
den Inhalt ihrer Darstellungen hinausgehende, von ihm
ganz unabhängige Macht und Bedeutung, der Kunstsinn
ist zu einem inneren Bedürfnisse, einer inneren Anlage
der Menschheit geworden, einer Anlage, welche, gleich der
des Verstandes, der Liebesempfindung, prinzipiell allen
Menschen, reich und arm, hoch und nieder, gebildet und
ungebildet, ebenso gemeinsam ist, als die Sehkraft, als

der aufrechte Gang, das Atmen durch Lungen und alle jene anderen körperlichen Eigenschaften, welche eben in ihrer Gesamtheit das Individuum zum Menschen machen. Und in dieser vom konkreten Inhalt des Kunstwerkes unabhängigen, rein formalen Macht der Kunst auf alle Menschen, welche alle sozialen Gegensätze überbrückt, liegt die eigentliche Bedeutung der Kunst für die soziale Frage, jene Bedeutung, von welcher ich nunmehr sprechen will.

Wenn wir von sozialen Gegensätzen reden, so pflegen wir dabei gewöhnlich an einen Gegensatz zu denken, diesen als den wichtigsten, den einschneidendsten anzusehen. Es ist dies der Gegensatz von arm und reich. In ihm scheint sich uns alles widerzuspiegeln, was die Gemüter der Unzufriedenen bewegt.

Aber Reichtum und Armut, Ueberfluß und Mangel sind nur das an der Oberfläche Treibende, etwa ähnlich wie goldene, wogende Saatfelder und dürres, kriechendes Heidenkraut. Der Gegensatz liegt tiefer. Hier die feuchte, schwarze, wohlgedüngte Erde, dort der trockene, magere, unbetreute Sand — hier Bildung, dort Verkümmerung der natürlichen Anlagen. Daß es ungebildete Reiche und arme Gebildete gibt, ändert nichts daran, daß die Bildung der fruchtbare Boden ist, auf dem der Wohlstand erblüht, und der Besitz wieder dem Besitzer die Mittel zur eigenen Fortbildung und zur Uebertragung der Bildung an die Erben des physischen Besitzes gibt, und daß umgekehrt die Not des Lebens, in der der Arme emporwächst, ihn hindert, seine Anlagen zu entwickeln, seinen Geist zu bilden, seine Kinder zu erziehen, und so ihn und seine Nachkommen wie mit Riesenklammern festhält im Doppelelend körperlichen und geistigen Darbens, dem nur eiserne, zähe Naturen oder glückliche Sonntagskinder sich zu entwinden vermögen. Aber Bildung und Unbildung sind nicht nur der Boden, dem die sozialen Gegensätze von Reichtum und Armut entsprießen und mit dem sie in enger Wechselwirkung verbunden sind, Bildung und Unbildung sind selbst ein sozialer Gegensatz, sie sind der eigentliche soziale Gegensatz, der die Menschen trennt. Der Höchste und der Niederste, der Reichste und der Aermste, der Mächtigste und der Einflußloseste, sie alle stehen sich nahe, haben tausend Anknüpfungs= und Berührungspunkte, wenn der Zufall sie zusammenführt, sind durch ein gemeinsames Band verbunden, leben in der gleichen Welt von Ideen, in der sie sich frei bewegen und immer wieder begegnen, wenn sich auch nie im Leben ihre Schritte kreuzen — eine einzige Voraussetzung braucht nur zuzutreffen, daß sie beide aus dem Bildungsborne ihrer Zeit geschöpft haben. Aber wie Menschen aus verschiedenen Zeiten, wie Menschen, die verschiedene Sprachen sprechen, wandeln der Gebildete und der Ungebildete miteinander durchs Leben, selbst wenn das Schicksal sie mit Ketten aneinandergeschmiedet hat. Der Zufall des Augenblickes kann alle sozialen Unterschiede im Nu verwischen oder in ihr Gegenteil verkehren, nur einem gegenüber ist er machtlos, dem der Bildung, die nur durch jahrelange innere Arbeit erworben werden kann, die nur Tod oder Siechtum zu vernichten vermögen.

Die Sozialökonomen versichern uns, sie kennen die Wege, welche dazu führen, den Gegensatz zwischen Arm und Reich aus der Gesellschaftsordnung zu verbannen — gut, dann wird von selbst der Gegensatz zwischen Bildung und Unbildung sich ausgleichen und seinen schroffen Charakter verlieren, in harmonisches Verhältnis zum natürlichen Gegensatz zwischen geistiger Fähigkeit und geistiger Energie und Stumpfsinn und Faulheit treten. Die Sozialpädagogen wollen den umgekehrten Weg wandeln — die Untersuchung, welcher von beiden aussichtsreicher sei, muß ich anderen überlassen. Das, worauf ich hinweisen möchte, ist, daß auch den Höchstgebildeten und den Mindestgebildeten, wenn er nur menschlich empfindet, doch ein geistiges Band verbinden kann, das ist der angeborene ästhetische Sinn, der angeborene Kunstsinn.

Man hat gelegentlich ein Verhältnis zwischen Kunst und sozialer Frage in dem Sinne herzustellen oder doch im Gedanken zu konstruieren versucht, daß Kunstbarbietungen (gelegentlich auch solche etwas zweifelhaften Charakters) dazu dienen sollten, die große Menge in eine süße Betäubung des Genusses zu wiegen und so von anderen Fragen abzuziehen,' ähnlich wie manche der Religion die Aufgabe vindizieren möchten, das „Eiapopei" zu sein, „mit dem man einlullt, wenn es greint, das Volk, den großen Lümmel". Und wenn die Römer die soziale Frage mit panis und circenses, mit Brot und Schaustellungen zu lösen suchten, könnte man vielleicht meinen, wenn man schon kein Brot zu geben vermöge, würden auch die circenses allein eine gewisse Wirkung üben.

Ich muß auf diese Auffassung hinweisen, um dem Verdachte vorzubeugen, als würde ich mit der Hervorkehrung der Bedeutung, welche die Popularisierung der

Kunſt auf die ſoziale Frage haben könnte, einen ähnlichen polizeiämtlichen Hintergedanken verbinden. Die Bedeutung, welche eine weitgehende Popularifierung der Kunſt für die Entwickelung der ſozialen Bewegung haben kann, liegt meines Erachtens viel tiefer, ſie liegt darin, daß die Kunſt neben der Religion das einzige Band iſt, welches alle Menſchen, welchem Stande, welcher Nation, welcher Bildungsſtufe ſie angehören mögen, verbindet, daß ſie die Brücke iſt, auf welcher heute ſchon der König und ſein geringſter Unterthan, der Latifundienbeſitzer und der um Taglohn Arbeitende, der Großinduſtrielle und der Proletarier, der Gelehrte und der Analphabet ſich begegnen können — denn ein gewiſſer Sinn für künſtleriſche Darbietungen, ſei es im Bilde, ſei es durch Worte, ſei es durch melodiſche Tonreihen, iſt faſt jedem Menſchen eigen. Und da müſſen wir uns nun fragen, ob dieſe theoretiſch vorhandene Möglichkeit auch hinreichend praktiſche Verwertung findet, ob all das geſchehen iſt, was geſchehen könnte oder doch geſchehen ſollte, um dieſes Band, welches alle Glieder eines Gemeinweſens — nicht etwa gleich dem der Religion und der Geſetzgebung zu gemeinſamen Laſten, ſondern zu gemeinſamen Genüſſen verbinden könnte, zu kräftigen, weiter zu entwickeln, thatſächlich um ſie zu ſchlingen.

Es wird ſich wohl kaum ein Sanguiniker finden, der dieſe Frage bejahen wollte. Die Kunſt hatte einmal einen volkstümlichen Charakter; ja gerade jene Künſte, welche die tiefſte, die mächtigſte Wirkung auf die Gemüter zu üben vermögen, die Dichtkunſt und die Muſik, ſind ſo recht aus dem Leben des Volkes ſelbſt hervorgegangen.

Die Dichtungen zum Preise der Helden und Götter gingen von Mund zu Mund, bei den ernsten und heiteren Festen des Volkes erklangen wohl zuerst die Weisen der zusammengestimmten Instrumente und die dramatischen Schaustellungen richteten sich von der unter freiem Himmel sich erhebenden Schaubühne herab an die bunt zusammengewürfelte Menge. Allein je schärfer die sozialen Gegensätze sich entwickelten, desto mehr nahm der Inhalt der Kunstwerke und die Art ihrer Darbietung einen Charakter an, welcher den Kunstgenuß zu einem nahezu ausschließlichen Privilegium der Besitzenden und der Gebildeten machte.

Wir müssen uns nämlich darüber klar sein, daß, wenn wir, um in unserer christlichen Kulturepoche zu bleiben, die Gegenwart mit dem Mittelalter vergleichen, nicht nur der Inhalt der Begriffe Wohlstand und Bildung, sondern auch ihr Verteilungsverhältnis sich vollständig geändert hat. Die nationalökonomische Seite interessiert uns hier weniger, aber, was das Moment der Bildung betrifft, müssen wir sagen, daß der einfache Bauer von heute, der seine Volksschule besucht hat, zwar wesentlich über dem Bildungsniveau steht, dessen sich seine Vorfahren und wohl auch gar viele unserer Vorfahren zur Zeit des Ausganges des Mittelalters erfreuten — daß aber der allgemeine Bildungsfortschritt kein gleichmäßiger war. Der Ritter, der mit seinen Knappen, und wohl auch gelegentlich der Bischof, der mit seinen Reisigen oder Grundholden Zwiesprache pflegen wollte, und, abgesehen von einzelnen besonderen Ausnahmen, überhaupt der Angehörige der besseren Stände, der mit einem solchen der niederen Volksklassen in Verkehr trat, brauchte von seiner Bildungsstufe nicht allzutief herunterzusteigen, um auf die des anderen zu gelangen: sie wußten eben alle beide nicht viel. Aber auch dem Durchschnittsgebildeten unserer Zeit sind Welten erschlossen, von deren Existenz der Angehörige der unteren Stände kaum eine Ahnung hat.

Naturgemäß übten Gelehrsamkeit und Kunst eine starke Anziehungskraft aufeinander aus, und so kam es, daß es eine Zeit gab, in welcher die Künste ihrem Inhalte nach einen so gelehrten Charakter annahmen, ihrer Form nach so verkünstelt wurden, daß auch manche der Gebildeten hinlänglich Mühe haben mochten, zu verstehen, was der Künstler sagen wollte — von den Mindergebildeten gar nicht zu reden. Die Reaktion hiergegen blieb nicht aus, wir haben heute wieder eine Kunst, welche ihrem Inhalte nach volkstümlich sein könnte, würde nicht in der Zeit der gelehrsamen Richtung in der Kunstpflege eine andere Voraussetzung hierfür abhanden gekommen sein.

Nachdem sich nämlich die Kunst einmal aus der freien Luft in Bücherläden und Bibliotheken, Theaterpaläste und Konzertsäle, Gemäldegalerien und Salons zurückgezogen hatte, ist sie auch bis heute in ihren behaglichen Wohnstätten geblieben. Dem Volke ist wohl nicht der Sinn und die Lust, wohl aber die Gelegenheit zur Pflege und zum Genusse der Kunst entschwunden, und was sich an solcher in unserem öffentlichen Leben findet, sind nur zum kleineren Teile Ansätze zu neuer lebenskräftiger Bildung, vielmehr vorwiegend Rudimente von Einrichtungen und Institutionen, deren Blüte in eine frühere Periode unserer Gesellschaftsordnung fiel.

Freilich fehlt es nicht an mannigfachen Vorschlägen

und Versuchen, dem — gestehen wir es nur offen zu — demokratischen Charakter, der in den politischen und gesellschaftlichen Bestrebungen der letzten Jahrzehnte immer lebhafter zutage tritt, auch auf dem Gebiete des Kunstlebens Geltung zu verschaffen, aber die vorhandenen oder voraussichtlich verfügbaren Mittel stehen in keinem Verhältnis zu dem Bedarfe.

Man hat Volksbibliotheken und Volkstheater gegründet, Schwärmer träumen von sich über riesige Hallen und Säle wölbenden Volkspalästen und nationalen Tempeln der Kunst, in denen malerische, musikalische und dramatische Genüsse unentgeltlich einer ununterbrochen in buntem Wechsel aus- und einströmenden Menschenmenge geboten werden — aber das Teuerste ist dem Armen die Zeit und er wird nur aus jenen Einrichtungen wirklichen Vorteil ziehen können, welche auch in dieser Hinsicht seinen Lebensverhältnissen angepaßt sind.

Die bequemste und einfachste Vermittelung eines Kunstgenusses vom Standpunkte der Zeit aus bietet das Buch, aber nicht das Buch, das in einer Lesehalle oder sonstwo steht, wohin man sich erst auf mehr oder minder weiten Wegen begeben muß, sondern das Buch, das man selbst hat, das man in die Tasche stecken und dem man nicht nur einen freien Komplex von Stunden, sondern auch die gelegentlich von der Tagesarbeit abfallenden Viertelstunden der Muße widmen kann.

Die besseren Bücher lebender Schriftsteller fallen hiermit zum großen Teile von selbst aus der allgemeinen Lektüre des Volkes. Auch der lebende Dichter will sein Recht, und es ist nur billig, wenn seine Bücher teuer sind, das heißt, wenn er und seine Verleger jene — den Unbemittelten unerschwinglichen — Preise fordern, die eben allein es dem Schriftsteller ermöglichen, vom Ertrage seiner geistigen Arbeit zu leben. Ja wir können noch mehr konzedieren. Wie der Lebende Kapital sammelt, das noch seinen Kindern und sonstigen Erben Zinsen bringt, so sollen auch seine geistigen Arbeiten noch über seinen Tod hinaus materiellen Ertrag liefern. Nur dürfen wir über diesem materiellen Interesse des Erben nicht das ideale Interesse des Schriftstellers selbst und die ideellen Interessen der Allgemeinheit vergessen.

Von verschiedenen Seiten wird eine zeitliche Verlängerung des beispielsweise nach unserer heimischen Gesetzgebung auf zehn Jahre nach Ablauf des Todesjahres des Autors fixierten Schutzes gegen Nachdruck verlangt. Ja man vergleicht das Recht des Schriftstellers, das sogenannte geistige Eigentum, mit dem materiellen Eigentum und fordert demgemäß sogar gelegentlich die Anerkennung eines dauernden Rechtes der Erben oder doch eine weitgehende Ausdehnung desselben. Ich will hier nicht darauf hinweisen, daß es verkehrt ist, eine Analogie zu ziehen zwischen Instituten, die sich in gerade umgekehrter Weise entwickelt haben; denn während der exklusive privatrechtliche Charakter des römischen Eigentumsbegriffes durch eine Reihe öffentlich-rechtlicher Momente immer mehr abgeschwächt wurde, so daß heute der Eigentümer in der Ausübung seines Eigentumsrechtes mannigfach beschränkt ist, ja aus vielfachen Gründen desselben mittels der sogenannten Expropriation verlustig gemacht werden kann, ist umgekehrt die Anerkennung des geistigen

Eigentums fast vor unseren Augen aus dem Nichts hervorgewachsen; aber das müssen wir uns doch gegenwärtig halten, daß die Werke unserer großen Dichter und Schriftsteller erst von dem Augenblicke an wirklich populär zu werden vermochten, als die freie Konkurrenz des Nachdruckes die Preise auf jenes Minimum herabdrückte, das mit der Massenverbreitung rechnet.

Ich weiß mich noch sehr gut zu erinnern, daß in meinen Knabenjahren der Besitz eines „Schiller" und eines „Goethe" in den mittelsituierten Bürger- und Beamtenfamilien eher eine Ausnahme als die Regel bildete. Schiller ist ein wirklich volkstümlicher Dichter erst geworden, seit das Cottasche Privilegium erloschen ist und man einen „ganzen Schiller" nicht mehr um so und so viele Thaler, sondern um einen Gulden bekommen kann, und die kleinen Zehn-Kreuzer-Heftchen der „Universalbibliothek" in alle Schichten des Volkes gedrungen sind.

Möglichste Verbilligung der guten Bücher ist eines der Hauptmittel, Bildung und Kunstsinn zu pflegen und zu verbreiten, und der wahre Dichter, der, der aus dem Herzen schafft, wird nicht so sehr daran denken, daß er seinem Erben oder seinem Verleger noch auf Dezennien hinaus Tantiemen und Honorare hinterlasse, sondern daran, daß er, wenn auch die Augen sich geschlossen haben, der Herzschlag verstummt, der Leib vermodert ist, doch fortlebe im Geiste und in den Herzen von Tausenden und Tausenden. Freilich diejenigen, die nur für den Gewinn des Tages hasten und schaffen, die mögen am lebhaftesten dafür eintreten, daß wenigstens ihr Autorrecht noch fortbestehe, wenn ihre Werke schon längst verschwunden sind.

Das Buch wendet sich wohl an viele, wenn man will an alle, aber wenn es nicht vorgelesen wird, also nicht an Stelle des Buches ein Interpret, an Stelle der toten Buchstaben die lebende Stimme tritt, in jedem Exemplar jeweilig nur an einen. Anders ist dies schon beim Bilde. Das Bild ist nicht so beweglich wie das Buch, aber es spricht zu allen denen, die sich in Sehweite begeben, zugleich. Zur Empfänglichkeit für die künstlerische Wirkung eines Bildes ist aber schon eine höhere Form künstlerischen Sinnes erforderlich, als wir sie bei jenen Volksschichten, die wir hier im Auge haben, normalerweise vorauszusetzen in der Lage sind, ja auch das Gegenständliche eines Bildes wird sehr oft nur jenem Beschauer verständlich sein, welcher über ein gewisses Maß höherer Bildung verfügt. Während die Dichtung gewöhnlich zugleich auch über das Gegenständliche, von dem sie handelt, erklärenden Aufschluß erteilt, ist das Bild, so beredt es für den ist, dem seine Bildung die Erkenntnis seines Objektes vermittelt, doch stumm für jenen, dem dieses Objekt von vornherein fremd ist.

Die Vorschläge, welche darauf hinzielen, die Gemäldegalerien und ähnliche Institute wenigstens an gewissen Tagen dem allgemeinen unentgeltlichen Besuche zu öffnen, sind daher allerdings geeignet, den ästhetischen Bedürfnissen der unbemittelten Gebildeten zu entsprechen, aber sie haben nur eine geringe Bedeutung für jene, denen die materiellen Mittel und die geistige und künstlerische Bildung fehlen.

Wir sehen dies am besten dort, wo thatsächlich solche freie Besuchstage für Galerien und Museen bestehen. Die breiten Schichten der Bevölkerung machen keinen Gebrauch von der ihnen gewährten Erlaubnis, sie ziehen nicht an diese Kunststätten hin, man müßte sie erst künstlich hinziehen, und nur auf dem Wege der Thätigkeit, welche eine Reihe von Bildungsvereinen, z. B. unser niederösterreichischer Volksbildungsverein, heute schon in so segensreicher Weise entwickelt, ließe sich mit Erfolg die äußere und innere Erschließung dieser Art von Kunstschätzen auch für jene anbahnen, denen eine verfeinerte Bildung fehlt.

Wir haben bei Erörterung der Frage, inwieweit die Pflege der Kunst ein Bindemittel zwischen den divergierenden gesellschaftlichen Klassen sein kann, uns nicht an irgend ein System der Künste gehalten, sondern sind von dem technischen Apparat ausgegangen, durch welchen das Werk des Künstlers der Menschheit vermittelt wird. Papier und Druckerschwärze, Leinwand und Farben übermitteln einerseits Worte, andererseits Bilder und durch beide Gedanken und Empfindungen. Eine Art der künstlerischen Darbietung vermittelt alles dies zugleich: die dramatische Aufführung. Sie ist noch viel mehr in ihrer räumlichen Beweglichkeit gebunden als das Bild, sie haftet oft geradezu an der Scholle, aber sie richtet sich in einem Atemzuge an Tausende zugleich. Durch die Verbindung der Doppelwirkung von gesprochenem Wort und dargestellter Handlung auf Ohr und Aug' ist sie am meisten geeignet, auch bei stumpferen Naturen Interesse zu erregen, auch bei geistig minder Geweckten Verständnis zu finden, über die Lücken in der Bildung der Genießenden dort wenigstens hinüberzuhelfen, wo sich diese nicht in der Eile zur Not ausfüllen lassen.

Und so sehen wir, daß nicht nur die Bevölkerung den dramatischen Darstellungen das größte Interesse entgegenbringt, sondern daß auch jene Bestrebungen, welche auf eine Popularisierung der Kunst hinzielen, in erster Linie ihr Augenmerk der Schaubühne zuwenden. Ich kann darauf hinweisen, daß das Wiener Hofburgtheater in dieser Richtung einen Schritt versucht und eine Einrichtung getroffen hat, welche den künstlerischen Bedürfnissen der unteren Volksschichten entgegenzukommen trachtet [1]). Seit einigen Jahren werden an den Nachmittagen der Sonntage, also zu einer Zeit, in welcher die Arbeit feiert, Dramen unserer Dichterfürsten aufgeführt, und zwar zu teilweise so nieder bemessenen Preisen, daß auch der Arme sie erschwingen kann. So gelangen beispielsweise jedesmal 230 Karten à 10 Kr. zur Ausgabe. Allein es ist auch Vorkehrung getroffen, daß Angehörige jener Gesellschaftsklassen, von denen hier die Rede ist, auch wirklich in die Lage kommen, diese Karten zu erlangen. So werden jedesmal einige hundert Karten an Arbeiterbildungsvereine ausgegeben. Man kann also sagen, daß in jedem Jahre über fünftausend Personen der Arbeiterklasse der Genuß je eines dramatischen Kunstwerkes geboten wird, fünftausend Personen, von denen die Ueberzahl dieses Kunstwerk erst hierdurch kennen lernt, eine große Zahl ein ähnliches überhaupt noch nie kennen gelernt hat und voraussichtlich auch nie kennen lernen würde.

Fünftausend ist schon eine Ziffer; die Zahl jener, welchen der Nachmittag mehr bot als eine Befriedigung

---

[1]) Vergl. den Aufsatz „Volkstümliche Klassikeraufführungen" unten S. 34.

eitler Schaulust, wird schon geringer sein; aber wenn wir annähmen, daß auch nur bei einem kleinen Bruchteil die Saat Wurzel geschlagen und Früchte getragen, über die flüchtige Stunde hinaus Anregung und Ansporn zur Lektüre und Sammlung neuer künstlerischer Eindrücke gegeben hat, so ist dies schon ein Großes. Ein Großes, für sich betrachtet, viel vielleicht, wenn man es mit dem vergleicht, was in dieser Richtung an anderen großen Bühnen geschieht, — gar wenig aber, wenn man daneben das ins Auge faßt, was erforderlich wäre, den künstlerischen Sinn in den breitesten Schichten der Bevölkerung zu pflegen, zu fördern, ihm jene Nahrung zu bieten, welche, indem sie das Bedürfnis zu befriedigen scheint, es erhöht und immer neu erweckt.

Das was hierzu nötig wäre, können unsere heutigen Theater gar nicht leisten, sie können nur anregend wirken, sie müssen das durch die Qualität zu ersetzen suchen, was sie nicht als Quantität zu bieten vermögen. Die wirkliche Heranziehung der großen Masse des Volkes zu dramatischen Darstellungen — wohlverstanden zu solchen, deren Objekt nicht etwa auf der künstlerischen Höhe des Kolportageromanes steht, sondern zu solchen, welche einen inneren Gehalt besitzen — kann nur auf einem anderen Wege gelingen.

Die Geschichte ist die wahre Lehrmeisterin der Zukunft. Freilich, die Zeiten, in denen der Staat den Bürgern ein Theatergeld, die θεωρικά zahlte, sind wohl ebenso unwiederbringlich dahin, wie jene, in denen junge Bürger zu ihrem Ergötzen und dem ihrer Mitbürger auf den Marktplätzen Komödien agierten, die Fastnachtsspieler von Haus zu Haus und geschulte Schauspielertruppen von Messe zu Messe zogen. Aber wir werden unseren Blick nicht ganz vergeblich in die Vergangenheit wenden, wenn wir erwägend im Auge behalten, was denn aus ihr sich als lebensfähig in die Gegenwart herein erhalten hat. Noch heute gibt es Gegenden, in welchen dramatische Aufführungen, von einer ehrwürdigen Tradition getragen, einen homogenen Bestandteil des Volkslebens bilden, in dem Sinne nicht nur, daß das Volk zusehend und zuhörend passiven Anteil nimmt an selben, sondern auch in dem Sinne, daß es selber aktiv „mitspielt", daß die Darsteller sich aus den Reihen der Bevölkerung rekrutieren. Ich brauche nur den Namen Oberammergau zu nennen, um Ihnen in Erinnerung zu rufen, daß diese Art dramatischer Darstellungen nicht notwendig auf einer Stufe stehen muß, die künstlerisch keine Beachtung verdient; ich brauche nur den Namen Höritz zu nennen, um Ihnen zu zeigen, daß sich ähnliches auch nicht allzuschwer dort schaffen läßt, wo es nicht durch alte Ueberlieferung eingebürgert ist, ich brauche wohl nur einen anderen heimischen Namen, Brixlegg, zu nennen, um zu zeigen, daß nicht nur Darstellungen geistlichen Inhaltes, sondern auch rein weltliche Schauspiele von solchen Volksbühnen mit Erfolg gepflegt werden können. Ich habe vor Jahren eine Vorstellung von Ganghofers Volksstück „Der zweite Schatz" in Brixlegg von den „Brixleggern" gesehen, deren sich auch eine städtische Bühne nicht zu schämen gehabt hätte.

Freilich sind das alles nur Reste eines einst viel reicheren dramatischen Lebens in den Kreisen der ländlichen Bevölkerung. Weihnachts-, Dreikönig- und Osterspiele wurden allenthalben gespielt, und die katholische Kirche, die, selbst aus einer großen sozialen Bewegung hervorgegangen, sich stets ein tieferes Verständnis für die soziale Frage bewahrt hat, förderte nicht nur ihren unmittelbaren Zwecken dienende Aufführungen geistlichen Charakters, sondern gelegentlich auch die Beteiligung der Bevölkerung an weltlichen Schauspielen. Wie sie das gelehrte, insbesondere das lateinische Drama in den Schulen pflegte, so hatte in manchen Orten der Geistliche auch fördernden Anteil an volkstümlichen Darstellungen weltlichen Inhaltes, und noch heute hat sich auch in den Städten und Industrieorten unter der gewerbetreibenden Bevölkerung ein Rest der thätigen Anteilnahme des Volkes an dramatischen Aufführungen gerade in den katholischen Gesellenvereinen erhalten, während sie mit den geschlossenen Handwerkerverbänden überall dort verschwand, wo man die des Zunft- und Innungszwanges Freigewordenen sich selbst überließ, ohne sich weiter um das zu kümmern, was etwa wert wäre, daß man es aus den Ruinen des alten Baues hinübernähme in die Anfänge des neuen.

Aber die Lust der Bevölkerung am Schauspiel, ihr dramatisches Bedürfnis ist zu lebhaft, als daß diese nicht gelegentlich aus sich selbst heraus neue Mittel zu ihrer Befriedigung schaffen sollten. Moderne Arbeitervereine haben den Faden dort wieder aufgenommen, wo er einst abgerissen wurde oder sich verlor; aber sie spinnen ihn in ihrer Art weiter, das Drama ist ihnen nicht Selbstzweck, es ist ihnen ein Mittel, die Geister in den Bann sozialer Ideen zu zwingen, die Gemüter zu entflammen, in legaler Form den Kampf gegen die bestehende Gesell=

schaftsordnung zu führen. Die Lust am Schauspiel zieht auch die herein, für welche die aufreizendste Brandrede vergeblich gehalten würde, weil sie zuerst gar nicht hingehen würden, sie anzuhören; das Geschick des Dramatikers, der seine Ideen in das Gewand einer starken Handlung kleidet, überzeugt und gewinnt auch jene, denen mit theoretischen Auseinandersetzungen nicht beizukommen ist.

In Berlin ist vor einigen Jahren ein Arbeiterverein „Freie Volksbühne" entstanden, aus dem sich dann infolge innerer Streitigkeiten unter der Führung des ursprünglichen Gründers, Bruno Wille, ein zweiter Arbeiterverein „Neue freie Volksbühne" abzweigte. Dramatische Aufführungen für die Vereinsmitglieder bilden einen Teil der statutenmäßigen Thätigkeit des Vereines; an dieser Aufführung nehmen Mitglieder des Vereines auch als Darsteller teil. Die Theaterdirektoren sind derartigen Theatervereinen nicht sehr grün, auch die Staatsgewalt ist ihnen nicht sehr gewogen. Die Staatsgewalt ist aber auch dem modernen Drama im eigentlichen Sinne, das ist dem Drama mit stark gefärbtem sozialen Hintergrunde, nicht sehr gewogen — und so führte sie selbst die Liebespaare einander zu. Die Arbeiter gehen in die Vereinsvorstellungen, weil andere Vorstellungen für sie nicht stattfinden, und die Dichter, denen die staatliche Zensur ein soziales Stück verbietet, gehen mit ihrem Stück auch in das Vereinstheater, denn vor der Thüre des Vereinslokales muß die Zensur Halt machen, weil das keine öffentlichen Aufführungen sind. Und was macht der, der dem Vereine nicht angehört und auch das verbotene Stück sehen möchte? Nun, er geht eben auch in das Vereins=

theater, er tritt zu dem Zwecke dem Vereine bei und unterhält sich dann mit den anderen, wenn auf der Bühne erzählt wird, es sei irgendwo ein Polizeiorgan an die Luft befördert worden, oder wenn er dargestellt sieht, wie die revoltierenden Arbeiter die Wohnungseinrichtung des Fabrikanten in tausend Stücke schlagen. Ich bitte mich nicht mißzuverstehen. Ich verkenne nicht den Wert derartiger Institutionen und ich verkenne nicht die Gefahren derselben. Wert und Gefahren bestehen beide sowohl vom künstlerischen als auch vom sozialpolitischen Standpunkte aus. Der Wert vom künstlerischen Standpunkte aus liegt in der Anregung, welche jede Darstellung eines dramatischen Werkes ausübt, wenn es nur das Werk eines Dichters ist, mag dieser es nun auf dem Momente der Schönheit oder auf dem der Lebenswahrheit aufzubauen versucht haben, mag es die Licht- oder die Schattenseiten des Daseins hervorkehren, mag es getreu im Dialekt der Straße, oder mag es in der dem Leben fremden rhythmischen Sprache der Dichtkunst geschrieben sein. Die Gefahr vom künstlerischen Standpunkte liegt darin, daß der Geschmack gerade des Mindergebildeten leicht in eine einseitige Richtung gedrängt und durch Vorführung von Dramen, denen starke soziale Tendenzen zu Grunde liegen, abgestumpft wird für solche künstlerische Genüsse, welche eines so würzigen Beigeschmackes entbehren. Die Gefahren vom sozialpolitischen Standpunkte aus brauche ich wohl nicht zu erörtern, aber ich darf wohl darauf hinweisen, daß auch auf diesem Gebiete den möglichen Gefahren thatsächliche Vorteile gegenüberstehen. Sie liegen darin, daß wenigstens etwas geschieht, den vorhandenen Bedürfnissen der unteren Schichten nach den edleren Genüssen der Menschheit Rechnung zu tragen; sie liegen darin, daß auf diesem Wege viele abgezogen werden von anderen, zweifellos minderwertigen und gelegentlich auch gefährlicheren Vergnügungen und Genüssen; sie liegen schließlich in der Heranziehung der Mitglieder zu den Darstellungen selbst.

Es mag keinen künstlerischen Gewinn bedeuten, wenn Arbeiter Theater spielen, wenngleich es nicht ausgeschlossen ist, daß, wie die Passionsspiele und die Volksspiele unserer Alpengegenden tüchtige Schauspieler herangebildet haben, ähnliches auch hier geschehen kann; aber es bedeutet einen großen persönlichen Gewinn für jeden einzelnen, der „mitthun" kann, eine ganze Summe von Anregungen für sein inneres Leben.

Ein Beispiel möge dies illustrieren. Von den anwesenden verehrten Damen spielen zweifellos alle ganz ausgezeichnet Klavier. Aber unter den nicht anwesenden Damen gibt es vielleicht einige, welche natürlich zwar auch Klavier spielen, aber nicht ganz ausgezeichnet. Und doch zweifle ich nicht, daß gar vielen derselben ihr eigenes nicht ganz ausgezeichnetes Klavierspiel eine größere Summe von Genuß und Anregung für ihr inneres Leben geboten hat, als das eine oder andere Klavierkonzert eines großen Meisters, das sie gelegentlich einmal zu besuchen in der glücklichen Lage waren — gar nicht zu reden von jenen bedauernswerten Unglücklichen, denen nur der Eintritt in Klavierkonzerte von ebenfalls nicht ausgezeichnet Klavier spielenden Herren oder Damen — es gibt auch solche Klavierkonzerte — vergönnt war. Durch die persönliche

Beteiligung an künstlerischen Bestrebungen werden nämlich unter Umständen in dem Ausübenden Ideen und Empfindungen geweckt, die er zwar nur schlecht zum Ausdruck zu bringen vermag, die aber ein britter, wenn dieser sie auch besser zum Ausdruck bringt, doch in ihm nicht so klar, kräftig und nachhaltend zu erwecken vermag, wie er selbst.

Ich habe im vorigen sowohl auf die Besorgnisse als auch auf die Hoffnungen hingewiesen, zu welchen eine bestimmte Institution jüngsten Alters vernünftigerweise Anlaß bieten kann. Sowohl um dieser möglichen Gefahren als auch um dieser möglichen Vorteile willen ist es zu bedauern, daß die Staatsgewalt die Initiative zur Pflege und Förderung des Sinnes der Bevölkerung für künstlerische Darbietungen gerade auf dem Gebiete der Dramatik allenthalben andern Faktoren überlassen hat und überläßt und sich einem idealen Bedürfnisse der unteren Ständen gegenüber, wo nicht hemmend und ablehnend, so doch mindestens passiv verhält. Und doch könnte hier sowohl für die ländliche Bevölkerung, als auch für die Städte so vieles geschehen! Es wären gar keine großen finanziellen Mittel erforderlich, nur fördernde Anregung, wohlwollende Aufmunterung, nur Betreuung und Verpflanzung vorhandener Keime und Schößlinge.

Und in noch höherem Maße gilt das Gesagte von einer andern herrlichen Kunst, einer Kunst, deren Werke sowohl gleich der im Buche niedergelegten Dichtung dem Einsamen Quelle des Genusses und reinsten Empfindens werden, als dem dargestellten Drama gleich Tausende auf einmal ergreifen, erheben und erschüttern können. Diese ist die Musik.

Ich muß mir aber versagen, diesen Punkt des näheren auszuführen.

Und so sind wir schließlich, da die Selbsthilfe der niederen Klassen sich nicht als ausreichend erweist, ihnen den Anteil am Kunstleben zu verschaffen, den sie an ihm haben könnten, auch in dieser sozialen Frage glücklich beim Appell an den Staat angelangt.

Mit diesem Appell an den Staat ist es nun eine eigene Sache: der Staat hört ihn nicht gerne, und die Sozialen hören ihn auch nicht gerne, nicht nur die direkten Gegner des Staates, sondern auch jene, welche seinen Fortbestand freundlich gestatten. Am schärfsten kommt das Mißtrauen gegen den Staat, ob er überhaupt in der Lage sei, irgend etwas Gutes zu machen — von den „wissenschaftlichen" Vertretern der Anarchie natürlich ganz abgesehen — vielleicht bei Herbert Spencer zum Ausdruck. Er meint, die Bedürfnisse der Bevölkerung müssen sich aus sich selbst heraus, durch eigene Kraft verwirklichen, die Hand des Staates als ein fremdes Element wirke immer mehr störend und fördernd, er vergleicht den, der vom legislativen Apparat wohlthätige Staatswirkungen ohne nachteiligen Rückschlag erwartet, „mit dem perpetuum mobile Diftler, der durch eine schlaue Anordnung der Teile aus einem Ende seiner Maschine mehr Kraft zu erlangen hofft, als er beim andern hineinlegt". Aber haben denn nicht die Bedürfnisse der Bevölkerung auch den Staat selbst als ein Mittel zu ihrer Befriedigung aus sich herausgeschaffen, und befriedigen sich die Bedürfnisse des Lebens nicht durch eigene Kraft, wo sie dies mit Unterstützung des aus ihnen emporgewachsenen und durch sie getragenen Staates erreichen? Und beruhen nicht auch der Hebel, die Eisenbahn, der Telegraph auf einer „schlauen Anordnung der Teile", durch die wir Wirkungen erzielen, welche wir ohne diese „schlaue Anordnung" nicht zu erreichen vermöchten?

Und so bitte ich Sie, mich weder für einen verkappten „Anarchisten" zu halten, weil ich dem Volke auch seinen Anteil am Kunstleben seiner Zeit zugemessen sehen möchte, noch für einen offenbaren Anhänger der Theorie von der Allmacht des Staates, weil ich meine, es wäre erwägenswert für den Staat, ob er, wenn die Sozialisten versuchen, ihm mit Hilfe der Kunst an den Leib zu gehen, nicht auch umgekehrt es unternehmen könnte, der sozialen Frage mit Hilfe der Kunst beizukommen.

II.
Volkstümliche Klassikeraufführungen.

Mit vollem Rechte wird in unsrer Zeit immer bringlicher die Forderung nach „Kunst für das Volk" erhoben, und in der That ist auf dem Gebiete der volkstümlichen Verbreitung der geistigen Genüsse gerade in den letzten Jahren viel geschehen; aber wenn wir es mit dem vergleichen, was leicht hätte geschehen können, ist es doch noch wenig.

Freilich, wir dürfen uns heute nicht träumen lassen, es könnte uns gelingen, der Kunst wieder jenen volkstümlichen Charakter zuzubekretieren, den sie in früheren Entwickelungsstufen besessen hat, und die Bevölkerung zu ihrem Genusse in jener Weise heranzuziehen, wie es z. B. bei den dramatischen Vorführungen in Griechenland, bei den geistlichen und weltlichen Spielen des Mittelalters der Fall war. Und doch — wie viel kann für jene geschehen, denen ihre Geldmittel und ihre Zeit nicht gestatten, auch nur gelegentlich die gewöhnlichen Vorstellungen der Theater zu besuchen, denen die großen Klassiker kaum dem Namen nach bekannt sind, denen eine gediegene

Aufführung eines wirklichen Kunstwerkes eine neue Welt erschließt! Der freundlichen Einladung der Redaktion der „Gartenlaube" entsprechend, will ich im folgenden über den Versuch berichten, der seit einigen Jahren am Wiener Hofburgtheater gemacht wird, durch Veranstaltung von sonntäglichen Nachmittagsvorstellungen dramatische Kunstwerke einem Publikum vorzuführen, das zum großen Teile sonst vom Besuche des Theaters überhaupt oder doch vom Genusse der Werke der dramatischen Klassiker ausgeschlossen war.

Der Zweck dieser Zeilen ist nicht, irgend ein Verdienst hierbei für meine Person in Anspruch zu nehmen; dieses gebührt vielmehr zunächst den Hoftheaterbehörden, welche unbekümmert um bestehende Vorurteile auf die von manchen für gewagt und bedenklich erachtete Neuerung eingingen, ferner den Darstellern, welche neue Lasten arbeitsfreudig auf sich nahmen, und nicht zuletzt der Presse, welche vom ersten Augenblick an sich dem neuen Unternehmen gegenüber anregend und fördernd verhielt. Der Zweck dieser Zeilen ist vielmehr, die gemachten Erfahrungen mitzuteilen, zu zeigen, auf welche Weise man versuchte, [die Schwierigkeiten zu lösen, und so vielleicht die Anregung zu geben zur Nachahmung und verbessernden Ausbildung des neuen Gedankens.

Die willkommene Gelegenheit zu einem Vorversuche bot die Jahrhundertfeier des Geburtstages von Grillparzer im Jahre 1891.

Es wurden an drei aufeinanderfolgenden Sonntagen, am 25. Januar, 1. und 8. Februar nachmittags, drei Dramen Grillparzers zu außerordentlich ermäßigten

Preisen in der ausgesprochenen Absicht zur Aufführung gebracht, den Besuch einem Publikum zu ermöglichen, welches sonst vom Besuche der Vorstellungen des Burgtheaters durch äußere Umstände ausgeschlossen ist. Diese Umstände sind nicht nur der normale Preis der Eintrittskarten, sondern auch die Zeit der gewöhnlichen Aufführungen.

Die Vorstellungen in den meisten Theatern beginnen um sieben Uhr. Nicht nur der arbeitenden Bevölkerung im engeren Sinne, auch einem großen Teil der Gewerbetreibenden ist es unmöglich, an Wochentagen um diese Stunde im Theater zu sein. Wollte man also diesen Teil der Bevölkerung berücksichtigen, so mußte man, da die Sonntagabende vom Standpunkte der Finanzgebarung aus hierfür nicht wohl in Frage kommen konnten, auf die Nachmittage von Sonntagen das Augenmerk richten.

Aber eben mit Rücksicht auf den Zweck der Vorstellungen ergab sich da sofort eine große Schwierigkeit. Für die Plätze der niederen Preisstufen war ein außerordentlicher Andrang zu gewärtigen, und die Erfahrung bestätigte auch diese Voraussetzung. Wie ließ es sich bewerkstelligen, daß thatsächlich das Unternehmen jenen zu gute käme, welche man heranziehen wollte? Die übliche Art des Verkaufes der Karten an der Kasse mußte, ganz abgesehen von dem damit voraussichtlich verbundenen Gedränge, sich für den angedeuteten Zweck als ungeeignet darstellen.

Gerade dem arbeitenden Teile der Bevölkerung fehlt die Zeit zu einem stundenlangen Kampfe um Eintrittskarten, bei dem schließlich doch nur Ausdauer, Rücksichts= losigkeit und Zufall entscheiden. Es handelte sich darum, einen Weg zu finden, welcher Gewähr dafür bot, daß die billigen Plätze wirklich Angehörigen jener Klassen zu gute kämen, denen sie zugedacht waren. Welche bestimm= ten Personen die Karten erhielten, mochte dann als neben= sächlich erscheinen.

Da bot nun die Organisation einzelner Gesellschafts= klassen selbst einen willkommenen Anknüpfungspunkt. Die Schüler zunächst sind in Unterrichtsanstalten vereint, die Gewerbetreibenden sind genossenschaftlich organisiert, die Arbeiter haben ein sehr entwickeltes Vereinsleben. Die Schulen, gewerblichen Genossenschaften und Arbeiterver= bände wurden daher eingeladen, ihre Wünsche hinsichtlich der Zuweisung von Karten schriftlich geltend zu machen, und die Sitze und Stehplätze der Galerien wurden für diese Anmeldungen vorbehalten. Gewiß wäre auch eine Rücksichtnahme auf den Stand der subalternen Beamten und manche andre Berufskreise wünschenswert gewesen, allein der bureaukratische Apparat arbeitet viel schwerer als der freier Vereinigungen, und anderwärts wieder mangelte eine einheitliche Organisation, mit der man in geschäftliche Verbindung treten, der man die Verteilung einer zugewiesenen Anzahl von Karten an die einzelnen Personen hätte überlassen können. So mußte man sich von vornherein in der angedeuteten Weise Beschränkungen auferlegen, nur auf einzelne Gruppen Bedacht nehmen.

Die Zahl der aus diesen Kreisen einlaufenden Zu= schriften war groß, die Zahl der in ihnen verlangten Karten ungeheuer. Nicht Tausende, Zehntausende wurden von jeder einzelnen der billigen Preisstufen verlangt. Bei dieser Gelegenheit zeigte sich die ganz außerordentlich entwickelte Organisation des Arbeiterstandes. Den einzelnen Schulen, den einzelnen genossenschaftlichen Verbänden der Gewerbetreibenden wurde nach einem den thatsächlichen Verhältnissen möglichst angepaßten Maßstabe je eine bestimmte Zahl von Karten zugewiesen. Für die zahlreichen Arbeiterbildungs-, Arbeiterunterstützungs- 2c. Vereine trat ein einziger Verein ein, welcher nicht rechtlich, aber in der That eine Art Zentralverband ist. Ein Abgesandter der Arbeiter, welcher zugleich Vertreter der Krankenkasse und des Allgemeinen Arbeiterbildungsvereins war, erschien in der Direktionskanzlei. Auf die Frage, für wie viel Karten er Verwendung habe, erklärte er, er wäre bereit, sämtliche Plätze im Theater für alle drei Vorstellungen zu erstehen, und als ihm bedeutet wurde, als Höchstes könnten ihm einige hundert Karten für jede Vorstellung angewiesen werden, bedurfte es nur mehr der Mitteilung, wann er die Karten beheben könne und wie viel er für sie zu erlegen habe — und die Angelegenheit war erledigt. Und es kann hinzugefügt werden, daß der gleiche Vorgang beibehalten wurde, als die Nachmittagsvorstellungen zu einer ständigen Einrichtung im Burgtheater gemacht wurden, daß sich nie der geringste Anstand und nie eine Klage aus den Kreisen der Arbeiter ergab. Zu jeder Nachmittagsvorstellung erhalten Angehörige des Arbeiterstandes 90 Karten zu 10 Kr., 40 Karten zu 30 Kr., 80 Karten zu 50 Kr., 30 Karten zu 80 Kr., 20 Karten zu 1 Fl., 3 Karten zu 1 Fl. 50 Kr. Auf die weitere Verteilung hat die Theaterleitung keinen Einfluß. Die Karten werden pünktlich behoben und bezahlt und ein einfach aber festtäglich gekleidetes Publikum aus Arbeiterkreisen, Männer und Frauen, das mit gespannter Aufmerksamkeit den Vorgängen auf der Bühne folgt und sich in jeder Richtung musterhaft benimmt, erfüllt jedesmal einen Teil der Galerien, sich mit Schülern der verschiedensten Anstalten und anderen Besuchern einträchtig mischend.

Die drei Vorstellungen aus Anlaß der Grillparzerfeier hatten gezeigt, welches Bedürfnis nach volkstümlichen Vorstellungen in allen Schichten der Bevölkerung bestehe, daß es möglich sei, demselben entgegenzukommen, und daß die gelegentlich geäußerten Besorgnisse, ein Teil des so herangezogenen Publikums könnte unliebsame Störungen veranlassen oder doch den gebotenen Aufführungen nicht das erforderliche Verständnis und Interesse entgegenbringen, unbegründet waren.

Gerade in letzterer Richtung hatte schon die erste Vorstellung Gelegenheit zu sehr beachtenswerten Wahrnehmungen gegeben. Mit Absicht war ein Stück gewählt worden, welches nicht durch äußeres Gepränge, lebhafte Volksscenen, erregende Zwischenfälle die Sinne fesselt, sondern dessen Wirkung in der seelischen Vertiefung der Charaktere, einer einfachen rein menschlichen Handlung, in der Schönheit der Sprache liegt. Es wurde „Sappho" gegeben. Im Hause herrschte atemloses Lauschen; aber daß die Stille nicht etwa die Wirkung ängstlicher Befangenheit war, daß jeder verständnisvoll der Entwickelung folgte, das zeigte sich, als Phaon die Melitta unter dem bühenden Rosenstrauche umarmte und in diesem Augenblicke Sappho im Hintergrunde erschien. Ein leiser Ruf des Schreckens zitterte durch das Haus, das innigste Mitgefühl mit den jungen Liebenden und das vollste Verständnis für die Seelenzustände der beteiligten Personen verratend.

Auf „Sappho" folgte „Medea", auf diese der „Traum ein Leben". Hiermit war der erste Versuch abgeschlossen.

Es handelte sich nun darum, das, was zunächst der festliche Anlaß gerechtfertigt hatte, der Organisation des Ganzen dauernd einzufügen. Auf der einen Seite sollten die billigen Preise festgehalten werden, auf der anderen Seite galt es, die Nachmittagsvorstellungen, welche für die darstellenden Künstler eine erhebliche Mehrbelastung bedeuteten, diesen nicht von oben herab aufzudrängen.

Die von der obersten Theaterleitung in fürsorglicher Weise eingeleitete Gründung eines Pensionsvereins für die Mitglieder des Theaters bot den erwünschten Anknüpfungspunkt.

Die unentgeltliche Mitwirkung der Künstler und des übrigen Personals ermöglichte es, die Preise für die Mehrzahl der Plätze sehr niedrig zu stellen, die Zuwendung des Erträgnisses an den Pensionsverein machte die ganze Einrichtung von Anfang an zu einer unmittelbaren Angelegenheit der mit ihrer Arbeit Beteiligten. Traten diese so dem Unternehmen von Anfang an wohlwollend gegenüber, so mußte der seltsame Reiz, die Stücke der alten Klassiker einem naiven, höchst empfänglichen Publikum gleichsam als Neuheiten vorzuführen, die innere Anteilnahme der Künstler noch steigern; und so ward es möglich, was anfangs kaum glaubhaft erschienen war, die Dramen unserer Klassiker dem Nachmittagspublikum in derselben Besetzung vorzuführen, in welcher sie in den Abendvorstellungen zur Aufführung gelangen, und keiner der Künstler hat sich je diesen volkstümlichen Vorstellungen zu entziehen gesucht. Die Verteilungsart, welche anläßlich der Grillparzerfeier gewählt worden war, wäre auf die Dauer schon darum nicht möglich gewesen, weil die Arbeitslast nicht hätte bewältigt werden können. Es wurden daher schriftliche Anmeldungen in der Form von Korrespondenzkarten eingeführt. Diese Karten enthalten auf der Rückseite eine kurze „Gebrauchsanweisung" und ein Schema der verschiedenen Preise der Plätze, in welchem der Besteller die Anzahl der gewünschten Karten eines bestimmten Preissatzes bezeichnet. Auf die Vorderseite schreibt der Anmeldende seine Adresse und hinterlegt die Karte in einen am Theater angebrachten Einwurfkasten. Die Karten schichten sich dort in der Reihenfolge, in der sie eingeworfen werden, erhalten ihre Nummer und werden streng nach derselben erledigt, indem die Zahl der angewiesenen Karten in das Schema eingetragen und dieses durch die Post dem Adressaten zugesandt wird. Jeden Freitag können die Theaterbilletts unter Vorweisung der Korrespondenzkarte an der Kasse erhoben werden. Außerdem beziehen die Rektorate der Hochschulen eine feste Anzahl von Eintrittskarten in das Stehparterre zu jeder Vorstellung und ebenso verfügen die Militärbehörden für Zöglinge von Militärschulen über die Zuweisung der Eintrittskarten in die bei Abendvorstellungen den Offizieren vorbehaltene Abteilung des Stehparterres.

Ein Verzeichnis der auf die einzelnen Nummern der Korrespondenzkarten angewiesenen Zahl von Theaterkarten ermöglicht eine Ueberwachung gegenüber etwaigen mißbräuchlichen Verwendungen der Formulare. Ueberzählige oder nicht erhobene Karten werden am Samstag an der Kasse verkauft.

Für die Arbeitervereine wird, wie erwähnt, eine Anzahl von Karten zu jeder Vorstellung vorweg genommen; ein ähnliches Verfahren konnte neuerdings dank dem Eingehen des Landesschulrates auf die Absichten der Theaterleitung auch hinsichtlich der Schulen eingeführt werden. Einige hundert Karten wurden den Mittelschulen zugewiesen und unter diese nach der Anzahl der Schüler und nach anderen sachlichen Gesichtspunkten in der Weise verteilt, daß jede Schule eine Saisonkarte ausgefertigt erhielt, auf Grund deren sie zu jeder Vorstellung eine bestimmte Anzahl Theaterkarten von der Kasse bezieht, während die Verteilung unter die Schüler die Leitung der Anstalt selbst besorgt.

So ist wenigstens zwei großen Gruppen von Berücksichtigungswürdigen, Schülern und Angehörigen des Arbeiterstandes, eine bestimmte Anzahl von Karten zu jeder Vorstellung gesichert und eine gewisse Gewähr für eine zweckmäßige und insbesondere gleichmäßig wechselnde Verteilung innerhalb dieser Gruppen geschaffen.

Freilich ergibt sich hieraus ein anderer Uebelstand. Die Zahl der vorhandenen Plätze steht an sich in keinem Verhältnis zu der Nachfrage. Durch die Ausscheidung von einigen hundert Karten für die genannten Gruppen vermindert sie sich noch wesentlich, so daß von den allgemeinen Anmeldungen zu den billigen Plätzen nur ein verschwindender Bruchteil Berücksichtigung finden kann.

Zu der ersten regelmäßigen Nachmittagsvorstellung wurden über 5000 Korrespondenzkarten in den Anmeldungskasten geworfen! In der ersten Zeit hatte ich an der Durcharbeitung dieser Masse regelmäßig einen Tag in der Woche von zehn Uhr abends bis vier Uhr früh zu arbeiten. Und wie viele Tausende haben die freiwillig übernommene Mühe jedesmal mit Verwünschungen gelohnt! Der ganz Vernünftige läßt sich die Abweisung vielleicht ein-, zwei-, dreimal gefallen, ja noch öfter — aber auch für ihn kommt der Augenblick, wo er aufhört, nachzurechnen, und sagt: „Das geht nicht mit rechten Dingen zu", „wieder so eine Protektionsgeschichte!" Er sieht ein, daß nicht alle Karten erhalten können, aber er sieht nicht ein, warum gerade er keine bekommt.

Haben sich der Natur der Sache nach die Anmeldungen für die billigen Plätze im Laufe dieser zwei Jahre wesentlich vermindert, so stehen sie doch noch immer in keinem Verhältnis zum verfügbaren Vorrat, und wenn trotz der gemachten Erfahrungen bisher davon Umgang genommen wurde, für die Karten der niederen Preisstufen die allgemeine Anmeldung einzustellen und diese Karten ganz den Schülern und Vereinen zuzuwenden, so konnte die Rechtfertigung hierfür nur in dem Gedanken liegen, daß gewisse Kreise der Bevölkerung dann eben ganz von den Vorteilen der Nachmittagsvorstellungen ausgeschlossen wären, und daß der Nutzen und die Freude der wenigen, die den anderen den Vorrang ablaufen, doch vielleicht die vergebliche Mühe und den Verdruß der Abgewiesenen aufwiege.

Seit 16. Oktober 1892 sind im Hofburgtheater nachmittags in nachstehender Reihenfolge zur Aufführung gelangt:

Schiller, Die Räuber; Kabale und Liebe; Don Carlos; Maria Stuart; Wilhelm Tell; Wallensteins Lager; Die Piccolomini; Wallensteins Tod; Die Jungfrau von Orleans.

Goethe, Die Geschwister; Clavigo; Egmont; Götz.

Lessing, Emilia Galotti.

Grillparzer, Des Meeres und der Liebe Wellen; Sappho; Die Jüdin von Toledo; Weh' dem, der lügt; Der Traum ein Leben; Medea; König Ottokars Glück und Ende; Die Ahnfrau.

Otto Ludwig, Der Erbförster.

Kleist, Das Käthchen von Heilbronn.

Shakespeare, König Richard II.; König Heinrich IV. 1. und 2. Teil; König Heinrich V.; König Heinrich VI. 1. und 2. Teil; König Richard III.; Julius Cäsar; Ein Wintermärchen; Hamlet; Othello; Macbeth; Romeo und Julia; Was ihr wollt; Die Zähmung der Widerspenstigen; Viel Lärm um nichts.

Ibsen, Ein Volksfeind; Die Kronprätendenten.

Calderon, Der Richter von Zalamea

Hebbel, Die Nibelungen.

Diese Zusammenstellung zeigt, daß der Spielplan leicht zu einem zweijährigen Turnus ausgestaltet werden kann und auf diese Weise die Möglichkeit hintangehalten wird, daß die Nachmittagsvorstellungen, welche übrigens ein ganz anderes Publikum haben als die des Abends, die Zugkraft der Werke der Klassiker für die regelmäßigen Abendvorstellungen schädigen.

Den bei einem größeren Theater verhältnismäßig kleinen Aufwand an Arbeit und Mühe aber, den sie verursachen, kann der Gedanke allein schon reichlich lohnen, welche erziehliche Wirkung das Gebotene für die heranwachsende Jugend hat und für jene Hunderte, die ohne derartige Aufführungen niemals zum eigentlichen Genusse der Meisterwerke unserer großen Dichter gelangen würden.

III.

Die Kunst
und die natürliche Entwickelungsgeschichte.

1.

„Ich erachte es als das größte Unglück, das je der Gelehrtenrepublik widerfuhr," — läßt der boshafte Sterne seinen alten Shandy sagen — „daß jene, die mit der Heranbildung unserer Kinder betraut sind und deren Aufgabe es wäre, ihre Fähigkeiten zu wecken und sie frühzeitig mit Gedanken zu versehen, damit dann die Einbildungskraft auf sie losgelassen werden könne, hierzu die Hilfszeitwörter so wenig herangezogen haben, als dies thatsächlich geschehen ist — ausgenommen höchstens Raymond Lullius und den älteren Pellegrini, welch letzterer es in der Anwendung derselben bei seinen Unterrichtsgegenständen zu einer solchen Vollendung gebracht hatte, daß er in wenigen Unterrichtsstunden einen jungen Mann in den Stand zu setzen vermochte, über jeden x-beliebigen Gegenstand ganz annehmbar pro und contra zu reden, und alles, was sich über ihn sagen oder schreiben ließe, zu sagen oder zu schreiben, ohne auch nur ein Wort zurück=

zunehmen, so daß alle Anwesenden von Bewunderung erfüllt wurden."

Das Ideal eines solchen „philosophischen" Hilfszeitwortes ist das Wörtchen „Sollen", um welches seit mehr als zwei Jahrtausenden die Disziplinen der „praktischen Philosophie" in wechselvoll verschlungenem Reigentanz herumkreisen. Dem „Sein", „Können", „Müssen" und wie sie alle heißen, stellt sich nur allzu oft die unbequeme Wirklichkeit mit einer schlagenden Widerlegung gegenüber, der auch der höher Gebildete ehrfurchtsvolle Berücksichtigung nicht zu versagen vermag, aber beim „Sollen" hat es damit gute Wege. Ein klassisches Beispiel führt Freund Sterne bei Darstellung des tiefsinnigen Nasenstreites in der Fabella Slawkenbergii selbst uns vor: „Ein Mensch, dem beide Beine weggeschossen wurden, stirbt am Schlagfluß oder der Auszehrung," sagen die Nasophoben. „Manchmal kommt's anders," entgegnen die Nasophilen. „Sollte aber nicht," erwidern die Nasophoben. Triumphierend können die Nasophoben im Kreise herumblicken: die Gegner sind geschlagen, was ließe sich dagegen vorbringen! Es ist anders? Pah, was liegt daran, es sollte nicht anders sein.

Unsere ganze Ethik, unsere ganze Rechtsphilosophie sind aufgebaut auf dem unscheinbaren „Du sollst". Und bei ihnen müssen wir das ja wohl hinnehmen, sie sind ja die Wissenschaften des Sollens κατ' ἐξοχήν, nicht eines akademischen Sollens, sondern eines Sollens, welches dadurch einen ganz besonderen Nachdruck erhält, daß hinter ihm die gesamte irdische und überirdische Miliz, vom Gerichtsvollzieher angefangen bis zum leibhaftigen Gottseibeiuns, in verheißungsvoller „Bereitschaft" steht, um jenem, der etwa nicht will, wo er soll, zu beweisen, daß es mit dem „Sollen" eine sehr ernste Sache ist. Aber nicht nur Ethik und Rechtswissenschaft, die Lehren vom sittlichen und staatlichen Recht, auch die Aesthetik, die Lehre von der Kunst, hat zu ihrem ständigen Ausgangs-, Mittel- und Endpunkt das „Sollen"[1]). Und seltsam! Während man in der Ethik sich damit begnügt, zu fragen, was „sollen" die Menschen, und sich in der Regel nicht beifallen läßt, ernstlich zu fragen, was die Moral, was das Recht soll, pflegt man in der Aesthetik gemeiniglich mit der Frage anzufangen oder doch aufzuhören, was die Kunst soll?[2]).

2.

Was hat denn die Kunst zunächst mit dem Sollen zu thun, sie ist ja gar nicht, dem Rechte und der Sitte gleich, ein Sollen, sie ist, wie schon ihr Name bezeugt, ein Können! Soll die Kunst vielleicht etwas können, was sie nicht kann? Sie kann eben nur können, was sie kann, und sie kann alles können, was sie kann. Wo ist da Raum für ein Sollen? Doch darf man nicht wenigstens sagen, die Kunst soll nicht versuchen, was sie nicht kann? Aber wer darf sich herausnehmen, zu sagen,

---

[1]) Am klarsten tritt dies bei Herbart hervor, welcher die sonst gewöhnlich im Wolffschen System neben die Logik als einleitende Disziplin gestellte Aesthetik mit der Ethik, der „praktischen Philosophie", zusammenfaßt.

[2]) So wünscht Fr. Schlegel (Ueber das Studium der griechischen Poesie) eine „vollkommene ästhetische Gesetzgebung" als „das erste Organ" der von ihm postulierten „ästhetischen Revolution".

die Kunst kann etwas nicht? Folgt daraus, daß sie es bis gestern nicht konnte, daß sie es auch morgen nicht können wird? und wer vermag zu gebieten, die Kunst soll etwas können, was sie bisher nicht gekonnt? Wie kommt man dann aber überhaupt zu einer derartigen Frage, was die Kunst „soll"? Sie muß doch sehr nahe liegen, sonst würde sie nicht fortwährend gestellt werden! Und sie erscheint in der That als eine sehr naheliegende, wenn wir die zwei verbreitetsten Grundanschauungen über die Gesellschaftsordnung ins Auge fassen, die sich im allgemeinen schroff gegenüberstehen, aber doch in einem Punkte berühren. Auf der einen Seite steht die ergebene Demut, welche unser ganzes inneres Leben seit Ewigkeit für alle Ewigkeiten bestehenden, durch eine höhere Macht in alles voraus erwägender Weisheit aufgestellten, tief in unsere Brust gegrabenen Gesetzen unterordnet; auf der anderen Seite aber steht die selbstgefällige Zuversicht, welche in allem und jedem höchst sinnreiche Erfindungen des menschlichen Verstandes erblickt. Beide Anschauungen aber, so gegensätzlich sie sonst sein mögen, kommen darin überein, daß sie von einem Zweckbegriffe ausgehen, dem, mag er nun von einem höheren Wesen gesetzt oder von den Menschen selbst ersonnen sein, unsere Anschauungen und Empfindungen angepaßt sind oder doch angepaßt werden sollen. Was ihm entspricht, soll sein, was ihm nicht entspricht, soll nicht sein; ihm untersteht unser ganzes geistiges Leben, nicht nur der Rechtssinn und seine Bethätigung, sondern auch der Kunstsinn samt allem, was er aus sich heraus schafft.

Und so treffen diese beiden Auffassungen, von denen die eine rein theistischen, die andere mehr oder weniger ausgesprochen atheistischen Charakter hat, und welche daher, wo immer sie aneinander stoßen, im Endkampfe auf das religiöse Gebiet gelangen, darin zusammen, daß die wissenschaftliche Methode, mit der sie operieren, die spekulative ist.

3.

Es gibt aber neben der spekulativen Methode noch eine andere Methode, die nicht wie jene danach fragt, wie die Dinge sein sollen, sondern danach, wie sie sind, die nicht die Dinge dadurch zu begreifen sucht, daß sie logisch deduziert, sie dürfen unter keinen Umständen anders als gerade so sein, sondern sich damit begnügt, zu erkennen, wie sie unter den gegebenen Umständen gerade so geworden sind. Seit Charles Darwin der Frage näher getreten ist, wie die organische Außenwelt sich entwickelt hat, und in den Prinzipien des Kampfes ums Dasein und der natürlichen Zuchtwahl zwei leitende Gesichtspunkte dargethan hat, die uns wenigstens verstehen lehren, wie sich die Organismen fortschreitend entwickelt haben können, läßt sich die Frage nicht mehr abweisen, ob nicht auch die innere Entwickelung der Lebewesen, ob nicht die Entstehung und Fortbildung der Ideen durch Heranziehung der von der naturwissenschaftlichen Methode aufgedeckten Entwickelungsgesetze unserem Verständnisse näher gebracht werden kann. Und während die spekulative Methode in allen philosophischen Fragen schließlich zur Polemik auf religiösem Gebiete führt, liefert uns die naturwissenschaftliche Methode den schlagendsten

Beweis, daß sie mit diesem Kampfe, der in Angriff und Abwehr die Geister erhitzt und die Leidenschaften erweckt, nichts zu thun hat, indem wir, speziell in England, der Heimat der Vorkämpfer der entwickelungsgeschichtlichen Theorien, gar nicht selten religiösen Glauben und eifrigen Kampf für die Entwickelungslehre in derselben Person eng vereinigt sehen¹). Die naturhistorische Methode hat es eben nur mit der Frage der Entwickelung zu thun, die weitere Frage nach dem Anstoße und den Zielen der Entwickelung fallen nicht mehr in ihren Rahmen — sie überläßt das Gebiet des Glaubens, der Lehre vom Glauben, der Theologie.

4.

Ich habe vor 10 Jahren an einem anderen Orte den Versuch gemacht, zu zeigen, daß die Entwickelung unserer ethischen und rechtlichen Anschauungen unter dem angedeuteten Gesichtswinkel betrachtet werden kann, und auszuführen versucht, wie die rein materiellen Bedürfnisse der Menschen die geistigen aus sich heraus zu kristallisieren vermochten, wie bestimmte Ideen entstehen, sich fortbilden und schließlich durch das Gesetz der Vererbung eine von dem Fortbestehen ihrer ursprünglichen Entstehungsursachen losgelöste, selbständige Existenz erlangen konnten. Die Anwendung dieser Auffassung auf

---

¹) Auch der viel verlästerte Burke (s. u.) nennt bei Behandlung der treibenden Leidenschaften die Nachahmung nur „eines von den großen Werkzeugen, deren sich die Vorsehung bedient, unsere Natur ihrer Vollkommenheit näher zu bringen"; und an einer anderen Stelle spricht er von der großen Kette der Dinge, „die Glied an Glied bis zum Throne Gottes" hinaufsteigt.

das Gebiet der Kunst habe ich damals ebenfalls kurz anzudeuten versucht: „Auch die Entstehung des menschlichen Kunstsinnes knüpft sich an die Notwendigkeit der Befriedigung der vitalen Bedürfnisse. Darwin, wie er sich überhaupt strenge auf das Gebiet der rein ‚animalischen' Funktionen beschränkt und die Schlußfolgerungen seiner genialen Deduktionen auf das ethische und ästhetische Gebiet zu ziehen fast grundsätzlich unterläßt, behandelt nur die Wirkung des Schönheitssinnes auf die Ausbildung und Vererbung gewisser Körpereigenschaften, welche entweder besonders dienlich sind für die Verteidigung oder Ernährung des Individuums oder die Fortpflanzung der Gattung. Aber eben diese Nützlichkeit des Wohlgefallens an den fraglichen Körpereigenschaften hat auch das Wohlgefallen selbst geschaffen und gezüchtet. Und durch diese Existenz eines Schönheitssinnes werden nun wieder andere Eigenschaften des Individuums diesem nützlich, die es ohne diesen Schönheitssinn nicht wären (z. B. Schmuckfedern). Gewisse Eigenschaften sind zunächst dem Individuum resp. der Gattungserhaltung unmittelbar ersprießlich; es entwickelt sich daher ein zunächst ihnen entsprechendes, aber sich neben dem auch noch über sie hinaus erstreckendes Schönheitsgefühl; durch dieses Schönheitsgefühl vermögen nun wieder andere Eigenschaften nützlich zu werden, die es ohne dieses Schönheitsgefühl gar nicht wären; das im allgemeinen bereits vorhandene Schönheitsgefühl bemächtigt sich nun durch natürliche Zuchtwahl auch dieser Eigenschaften, und so bewegen sich die durchschnittliche körperliche Beschaffenheit des Individuums und das ihr entsprechende Schönheitsgefühl stets in parallelen

Linien vorwärts. Darum entspricht das jeweilige Schönheitsgefühl einer Art, eines Volkes resp. einer Rasse auch bestimmten allgemeinen Durchschnittseigenschaften derselben. Sobald nun aber der Schönheitssinn einmal entstanden, selbständig, selbst Bedürfnis geworden, sucht er seine Befriedigung nicht mehr lediglich auf dem Gebiete des Geschlechtslebens, das Schöne erscheint ihm um seiner selbst willen begehrenswert, er sucht es selbst darzustellen, um sich an ihm zu erfreuen: Der Schönheitssinn wird zum Kunstsinn" (System des Privatrechtes I. 1883. S. 169).

5.

Schon die englischen Sensualisten des vorigen Jahrhunderts haben den Kunstsinn aus den physischen Instinkten abzuleiten versucht, freilich in rein individualistischer Weise, in Verkennung des Umstandes, daß das Individuum kraft des Gesetzes der Vererbung dasjenige, was aus den scheinbar niedrigsten Trieben im Laufe der Jahrtausende entstanden sein mag, schließlich als selbständige Anlage mit sich in die Welt bringt.

Wie später Jeremy Bentham diesen individualistischen Sensualismus, von seinem Standpunkte aus in rücksichtsloser Konsequenz, auf dem Gebiete der Ethik durchzuführen versucht hat, hat schon einige Dezennien früher (1757) der berühmte Staatsmann und Verteidiger der Rechte der amerikanischen Kolonien Edmund Burke in seiner „philosophischen Untersuchung über den Ursprung unserer Ideen über das Erhabene und das Schöne" denselben auf die „Aesthetik" angewandt, eine Wissenschaft, welche durch anderthalb Jahrtausende geschlummert und erst wenige Jahre vor dem Erscheinen der geistvollen Abhandlung Burkes durch Baumgarten ihren Namen erhalten hatte. Der geniale Politiker und Parlamentsredner hat ob seiner Theorien freilich die heftigsten Beschimpfungen erfahren müssen, aber auch unter seinen Gegnern haben sich solche gefunden, welche seiner Bedeutung als Aesthetiker und dem wahren Kern seiner Lehren objektive Würdigung angedeihen ließen. Es kann in dieser Richtung wohl keinen größeren Gegensatz geben, als den zwischen der polternden Grobheit, mit welcher Schasler (Kritische Geschichte der Aesthetik) Burke „abthut" und der vornehmen Art, in der Zimmermann (Geschichte der Aesthetik) ihn zu widerlegen sucht.

Burke stellt zwei Empfindungen einander gegenüber, die des Erhabenen und die des Schönen; beide entwickelt er aus natürlichen Trieben, erstere aus dem Selbsterhaltungstriebe, letztere aus dem Geselligkeitstriebe, unter dem er aber in erster Linie den Gattungserhaltungstrieb versteht [1]), wie denn auch in der That der Geselligkeitstrieb schon ein Instinkt höherer Ordnung wäre, der in gleicher Weise dem Selbsterhaltungstriebe und dem Gattungserhaltungstriebe, diesen beiden ursprünglichen Instinkten der Lebewesen, dient. Den Begriff des Schönen führt er auf die Lustempfindung zurück, als

---

[1]) So überschreibt er den neunten Abschnitt des ersten Teiles seiner Abhandlung bezeichnend: „Die Endursache des Unterschiedes zwischen den Leidenschaften, die zur Selbsterhaltung gehören, und denen, welche die Vereinigung der Geschlechter angehen," während er später als die drei Hauptglieder der unter dem Namen der Geselligkeit zusammengefaßten Leidenschaften Sympathie, Nachahmung und Ehrgeiz bezeichnet.

beren Typus ihm die Liebe der Geschlechter erscheint, den Begriff des Erhabenen aber zunächst auf die Empfindung der Unluft gegenüber drohender Gefahr, einer Unluft, welche sich jedoch — aus von ihm in ganz seltsamer Weise entwickelten Gründen [1]) — in ein Luftgefühl verwandelt, wenn die Gefahr nur der Vorstellung vorgeführt wird.

Aber ganz abgesehen von den zahlreichen Unrichtigkeiten und Lücken seiner Theorie, denkt er sich diesen Prozeß immer als in jedem Individuum sich erneuend, die geweckten Empfindungen fließen ihm immer unmittelbar aus den animalischen Trieben, er ringt sich nicht zur Erkenntnis durch, daß aus diesen ursprünglichen instinktiven Trieben solche höherer Ordnung entstanden sind, welche, zunächst im allgemeinen den instinktiven Trieben dienend, doch eine von ihnen unabhängige, selbständige Existenz erlangt haben, so daß sie neben den animalischen Bedürfnissen solche einer höheren, feineren, komplizierten Art geschaffen haben, geistige Bedürfnisse, welche den vitalen Bedürfnissen der Allgemeinheit dienen und doch im konkreten Fall benen des Individuums biametral zuwiderlaufen können, Bedürfnisse, welche losgelöst sind von Hunger und physischem Verlangen, von zitternder Angst und aufatmender Erlösung, welche nicht im Magen und

---

[1]) Es ist nicht richtig, daß, wie wiederholt behauptet wurde, Burke dieses Luftgefühl aus dem erfreulichen Bewußtsein persönlicher Sicherheit erkläre; ausdrücklich weist er (I. 15) darauf hin, daß dieses Sicherheitsgefühl eine notwendige Bedingung, nicht aber die Ursache des Vergnügens sei. Seine Erklärung des Luftgefühls basiert vielmehr auf der Reinigung der feineren und größeren Gefäße von gefährlichen und beschwerlichen — Verstopfungen!

den Werkzeugen sinnlicher Lust, sondern in Ideen ihre treibende Wurzel haben. Diese Ideen, wenn auch seiner Zeit aus dem Selbsterhaltungstriebe und dem Gattungserhaltungstriebe entstanden, sind von ihnen so unabhängig geworden, wie das in die Erde gepflanzte Reis von dem Baume, auf dem es gewachsen war, sie haben durch die ihnen innewohnende Kraft im Wege der Mitteilung und Vererbung eine selbständige Macht erlangt, der wir uns, weil die Ideen eben u n s e r e Ideen geworden sind, bis zu einem gewissen Grade beugen müssen, auch wenn wir nicht wollten, genau so wie wir dem Hunger und der Liebe ihre Rechte nicht streitig machen können, ohne uns mit unseren Neigungen und Anlagen in Widerspruch zu setzen und die Existenz des Individuums und der Gattung zu gefährden.

6.

Wenn aber die Aesthetik es mit zwingenden Ideen zu thun hat, hat sie dann nicht ihre „Gesetze", ist sie dann nicht in der That doch eine Lehre vom Sollen? S o l l dann nicht die Kunst diese Gesetze befolgen, und ist sie dann nicht selbst ein Sollen?

Dies wäre dann der Fall, wenn diese Ideen, nachdem sie entstanden sind, erstarrt wären, wenn sie Petrefakte, Resultate einer ein für allemal a b g e s c h l o s s e n e n Entwickelung und nicht mehr Gegenstand fortbildender Entwickelung wären, oder wenn wir, wie einen Ausgangspunkt, so auch ein Endziel dieser Entwickelung zu erkennen vermöchten. Beides ist nicht der Fall. Die E r f a h r u n g zeigt uns, daß die treibenden Ideen zu verschiedenen Zeiten, an verschiedenen Orten, in verschiedenen Individuen differieren. Die Erkenntnis aber verläßt uns, wenn wir versuchen zu ergründen, ob den konkreten Ideen, den Ideen als historischen Kategorien, abstrakte Ideen, Idealideen zu Grunde liegen; wir können es g l a u b e n, wir können auf eine subjektive Veranlagung weisen, die uns immer wieder zu dieser Annahme hindrängt, wir können dieser Veranlagung einen Namen geben, z. B. intellektuelle Anschauung — in der Erkenntnis sind wir darum keinen Schritt vorwärts gekommen; das Denken kann uns nie Gewißheit darüber geben, ob diese subjektive Veranlagung darin ihre Ursache hat, daß die an uns vorüberziehenden konkreten Ideen nur wechselnde Erscheinungsformen ewig unwandelbarer Idealideen sind, oder ob diese subjektive Veranlagung nicht selbst wieder nur ein Produkt natürlicher Entwickelung ist, ob die Idee, daß die Ideen etwas Ewiges, von der Realität der Dinge Unabhängiges seien, nicht lediglich eine nach den Gesetzen der natürlichen Zuchtwahl und der Vererbung entstandene Stütze für die Kraft der einzelnen konkreten Ideen ist, somit gleich diesen in letzter Linie der weiterbildenden Entwickelung dient, welche von den rein animalischen Bedürfnissen ausgehend, im Dienste derselben, zu stets höheren und abstrakteren Bedürfnissen und ihnen entsprechenden Anlagen und Fähigkeiten fortschreitet.

Und so tritt zu der vielleicht infolge Vererbung geradezu angeborenen, jedenfalls aber weitverbreiteten Idee von der absoluten Geltung der Ideen überhaupt und speziell auch der Ideen auf dem Gebiete der Aesthetik schließlich die Erkenntnis hinzu, daß uns jeder Maßstab für die Prüfung dieser Ideafidee fehlt, da auch „das Angeborene eines Gedankens noch kein Beweis für dessen Erfüllung ist" (Gottfried Keller, Der grüne Heinrich), und daß wir die Ideen stets nur als historische Kategorien zu begreifen vermögen. Ist aber diese Erkenntnis gewonnen, dann ist auch die Basis für eine objektive, eine vorurteilsfreie und duldsame Betrachtung der Erscheinungen auf dem Gebiete der Kunst geschaffen, welche nicht von ihrer eigenen Unfehlbarkeit durchdrungen, alles, was nicht in ihr „System" paßt, leidenschaftlich verurteilt, sondern welche in jedem künstlerischen Wollen ein notwendiges Glied in der Kette der Entwickelung erblickt, von der Frage ausgeht, ob der Künstler, das, was er gewollt, auch gekonnt, d. h. zur Erscheinung und zum Ausdrucke gebracht hat, und sohin von dieser Frage zur weiteren fortschreitet, wie die von dem einzelnen Individuum verwirklichten künstlerischen Ideen zu den künstlerischen Ideen seiner Zeitgenossen, der früheren Zeit, der etwa seitdem schon verrauschten späteren Zeit, der Gegenwart sich verhalten, ob man ihnen Lebenskraft und befruchtende Wirkung für die Zukunft zuzutrauen vermag.

7.

So schließt auch diese Auffassung der ästhetischen Wissenschaft die Möglichkeit und Berechtigung, ja die Notwendigkeit einer läuternden Kritik nicht aus. Aber es ist dies eine Kritik, welche stets die historische Entwickelung vor Augen hat, welche nicht die Erscheinungen in das Prokrustesbett der Theorien zwängt, sondern bereit ist, ihre Theorien zu überprüfen, wenn sich ihnen widerstrebende Thatsachen gegenüberstellen, eine Kritik, welche nicht mit aus den Wolken gefallenen Zwecken der Kunst operiert, sondern mit den Bedürfnissen des Lebens, welche nicht der Kunst unwandelbare Gesetze diktiert, sondern nur vom Künstler verlangt, daß er als Kind seiner Zeit lebe und im Geiste seiner Zeit wirke und schaffe. Die Berechtigung der letzteren Forderung ergibt sich aus dem Wesen der organischen Entwickelung selbst, welche, wie uns die Erfahrung zeigt, und wie wir auch leicht einzusehen vermögen, keine unvermittelten Sprünge kennt, sondern stets kaum merklich vom einem zum anderen fortschreitet. So sehen wir zurückblickend, daß stets nur jene Ideen befruchtend zu wirken vermochten, welche den Boden für ihr Gedeihen schon vorbereitet fanden, welche als die natürliche Weiterentwickelung vorhandener Ideen sich darstellten, während jene Ideen, welche keinen Anschluß an die herrschenden Anschauungen, an die Bedürfnisse ihrer Zeit suchten oder fanden, wieder verschwanden, ohne bleibende Eindrücke zu hinterlassen. Ja, wir sehen, wie die meisten Ideen, welche in einer bestimmten Epoche die Gemüter bewegten, schon früher gelegentlich hier und dort, bei diesem oder jenem, wie eine Ahnung der Zukunft aufleuchteten, und wie sie dennoch unbeachtet geblieben, der Vergessenheit anheimgefallen waren, ehe sie auch nur erfaßt wurden. Aber eine Zeit vergeht, wieder wird dasselbe Wort ausgesprochen, das früher ungehört verhallt war: und wie im Sturmesbrausen erfaßt es die Geister, es ist die erlösende Zauberformel, in welcher jeder den Ausdruck seiner eigenen Anschauungen, die Verheißung der Erfüllung seiner eigenen

Wünsche erblickt. Was hat sich inzwischen geändert? Die Verhältnisse des Lebens sind andere geworden, und aus ihnen sind unmerklich neue Ideen erwachsen, welche, ohne bisher noch ins Bewußtsein zu treten, doch schon in latentem Zustande vorhanden waren. Und nun bedurfte es nur mehr des äußeren Anstoßes; wer ihn gibt, wer zuerst der neuen Idee sich bewußt wird und ihr Ausdruck verleiht, das richtige Wort zur richtigen Zeit am richtigen Ort ausspricht, er ist der große Mann, dem die Mit- und Nachwelt zujubelt, der seinen Namen eingetragen hat in der Entwickelungsgeschichte des Geistes.

Und ganz so verhält es sich mit den Kunstformen und Kunstrichtungen, welche ja auch nur der praktische Ausdruck konkreter Ideen sind.

8.

Was würden die Griechen der klassischen Periode zu einem Manne gesagt haben, der versucht hätte, ihnen als seine freie Erfindung eine Geschichte von zwei Kindern zu erzählen, die, durch einen Zufall in unbewohnter Wildnis zusammengeführt, miteinander heranwachsen, der geschildert hätte, wie unbewußt die Liebe in ihnen erwacht, wie sie vergebens versuchen, sich ihre Empfindungen klar zu machen, bis sie schließlich die Lösung des süßen Rätsels finden? Ob sie wohl sonderlich entzückt davon gewesen wären? Ob sie in dieser Erzählung eine neue Kunstform erblickt hätten? Gewiß nicht; wären sie auf dem Punkte gewesen, an dem Manne hätte es sicherlich nicht gefehlt.

Vielleicht war er auch vorhanden, vielleicht hat er auch eine ähnliche Geschichte erzählt und geschrieben; doch seine Dichtung ist ebensowenig wie sein Name der Nachwelt überliefert worden. Aber schon Kallimachos (dessen Hekale uns leider verloren ist)[1]), Theokrites und Apollonios Rhodos durften ihren Zeitgenossen frei erfundene Erzählung bieten, und als die „mylesischen Märchen", die „sybaritischen Erzählungen" entstanden, und schließlich Longos die Hirtenidylle „Daphnis und Chloe" schrieb, da war auf einmal der Roman „erfunden", und man mochte höchstens staunen, daß man nicht schon längst auf den Gedanken gekommen war, Romane zu schreiben.

9.

Die Landschaftsmalerei führt uns heute nicht mehr ausschließlich lachende Auen, blumige Wiesen und sanft ansteigende Gelände vor Augen. Der Maler wählt sich auch die Schrecknisse der Eiswüsten, die zerrissenen Abstürze und Gletschermoränen der Alpen und des Himalaja zum Gegenstande seiner Darstellung und findet mit seinen Werken, wenn er nur ein Künstler ist, Anerkennung und Bewunderung. Zur Zeit des Livius hatte man nur Verständnis für die „foeditas Alpium", und Seneca berichtet zwar von Menschen, welche die Wildnis sehen und die Waldgebirge Bruttiens und Lukaniens durchstreifen möchten, aber er gibt nicht undeutlich zu verstehen, daß er sie für geistig nicht normal erachtet. Ueber den Maler, der sich aus diesen Wildnissen seinen Stoff geholt hätte, würde er wohl kaum günstiger geurteilt haben.

---

[1]) Inzwischen ist ein größeres Bruchstück einer älteren Dichtung aufgefunden worden, welche man mit der Hekale des Kallimachos identifiziert.

Wenn Petrarca bei der Ersteigung des Mont Ventour von dem höchsten Entzücken erfüllt wurde und uns seine Eindrücke in einem Briefe an Dionisio überliefert hat, so erfahren wir doch zugleich, daß seinen Begleitern jedes Verständnis für seine Empfindungen fehlte. Erst in der zweiten Hälfte des 18. Jahrhunderts beginnt der ästhetische Sinn für die Schauer der Alpenwildnis den Charakter einer Singularität zu verlieren. Noch aus dem Jahre 1775 berichtet Goethe über seine erste Schweizerreise (Aufstieg zum Urfener Loch): „Die Felsen wurden immer mächtiger und schrecklicher; der Weg bis zum Teufelsstein immer mühseliger. Meinem Gefährten beliebte es hier auszuruhen; er munterte mich auf, die bedeutenden Ansichten zu zeichnen. Die Umrisse mochten mir gelingen, aber es trat nichts hervor, nichts zurück; für dergleichen Gegenstände hatte ich keine Sprache. Wir mußten uns weiter; das ungeheure Wilde schien sich immer mehr zu steigern, Platten wurden zu Gebirgen und Vertiefungen zu Abgründen. So geleitete mich mein Führer bis zum Urfener Loch, durch welches ich gewissermaßen verdrießlich hindurchging; was man bisher gesehen, war doch (!) erhaben, diese Finsternis hob alles auf. Aber freilich hatte sich der schelmische Führer das freudige Erstaunen voraus vorgestellt, das mich beim Austritte überraschen mußte." Und nun folgt eine Schilderung des „zur Bewohnung einladenden Thales", der man das erlösende Aufatmen des Reisenden ordentlich ansieht. Schon ganz anders lauten die Berichte von der zweiten Schweizerreise (1779), so über den Zug durchs Münsterthal, über Leukerbad, aber auch da ist es mehr ein vereinzeltes Aufleuchten als eine dauernd erworbene Empfindung. „Gegen das Uebergroße ist und bleibt man zu klein," schreibt er der Frau von Stein, und der Marsch über den Rhonegletscher bietet ihm einen „seltsamen Anblick". Auf der Reise nach Italien (1786) findet er noch Anerkennung für die grauen Kalkfelsen und beschneiten Gipfel, aber wie jubelt sein Herz auf, da er ins Etschthal kommt und den lachenden Süden findet: er hat das Gefühl, als wenn er hier geboren und erzogen wäre „und nun von einer Grönlandfahrt, von einem Walfischfange zurückkäme"; da darf es uns nicht wundernehmen, daß ihm die düster ragenden Alpen bei der Rückreise aus dem heiteren Italien höchlichst mißfallen. Aber die Wandlung der Anschauungen war schon überall vorbereitet, und als Paccard (1786) und nach ihm de Saussure (1787) den Montblanc bestiegen, wurde dem Natur- und dem Kunstsinn eine neue Welt erschlossen.

10.

Eine derartige Umwandlung der Ideen erfolgt jedoch selbstverständlich nicht immer so friedlich und einfach. Die Erschließung neuer Kunstgebiete berührt keine Interessensphären, im Gegenteile, es thut sich gleichsam ein neues Land auf, das jeden freundlich zur Besitznahme und Niederlassung einlädt.

Aber ganz anders liegt die Sache, wenn in einem vorhandenen Kunstgebiete neue Ideen auftauchen. Die Neuerer wollen im ersten Ansturm das Alte ganz über den Haufen werfen, die Berechtigung des Neuen aus dem Mangel jeder Berechtigung des Alten ableiten; und die

Besitzer der guten alten Ideen wollen bei dem was sie „erlernt in Not und Müh'... in Ruh' verschnaufen".

Ein klassisches Beispiel eines solchen erbitterten Kampfes der Ideen hat sich in den letzten Dezennien vor unseren Augen abgespielt, die heutige Generation hat das Entbrennen und wohl auch das Erlöschen des Streites miterlebt.

Als Richard Wagner seine musikalischen Theorien aufstellte und als Reformator der Oper, ja der ganzen Musik auftrat, da mochte die Aussicht auf Erfolg nur gering erscheinen. Nur langsam fand er überhaupt Beachtung und Aufmerksamkeit, und fremdartig, unverständlich mutete die meisten seine Musik, geradezu unsinnig seine Lehre an. Es war in der That eine Musik der Zukunft, die der Mann geschrieben hatte, welcher der Gegenwart zu weit vorausgeeilt war, als daß sie mit einem Sprung ihm hätte nachkommen können. Fast wäre es ihm mißlungen, seinen Ideen zum Siege zu verhelfen. Wohl waren die Auswüchse der üblichen Opernmusik zu deutlich geworden, als daß der Hinweis auf sie ohne jede Wirkung hätte verhallen können; aber die Gemüter waren noch nicht empfänglich genug für das Neue geworden, das er rücksichtslos an Stelle des Alten zu setzen sich vermaß, um es sofort zu erfassen, zu verstehen, sich anzueignen. Die Geschichte der Ideen kennt kein Beispiel von der Kraft eines zähen, unerschütterlichen Willens, der einer noch widerstrebenden Zeit neue Ideen aufzwingt, wie dieses, und sie würde ein solches vielleicht überhaupt nicht kennen gelernt haben, wären Wagner im Laufe der Zeit nicht eine Anzahl besonders günstiger äußerer Momente zu Hilfe gekommen. — Nur gering war die Zahl derer, die sich um den verwegenen Kämpfer zu sammeln begannen, aber sie wuchs, langsam zwar doch stetig; mit ihr aber auch die wilde Wut der Gegner, welche, da das altbewährte Hausmittel des Totschweigens versagte, vor keinem Mittel zurückschreckten, das geeignet erscheinen konnte, den unbequemen Neuerer zu vernichten. Durch die zügellose Maßlosigkeit ihrer Angriffe, welche alle Stadien, vom höhnischen Spotte angefangen bis zur direkten Beschimpfung durchliefen und ihre Krönung in dem auf Wahnsinn Wagners plaidierenden Pamphlete eines emporstrebenden Schülers der Heilswissenschaften fanden — der Mann hat es richtig zum Universitätsprofessor gebracht — haben die Gegner Wagners ihm vielleicht bessere Dienste geleistet als seine oft nicht minder exzedierenden Freunde, welche eine Zeitlang neben dem „Meister" überhaupt keine Götter mehr kannten.

Und heute? Auch die erbittertsten Gegner haben Wein in ihr Wasser geschüttet und sich in aller Stille daran gewöhnt, manches als selbstverständlich zu finden, was ihnen dereinst ungeheuerlich erschienen war; nur lieben sie es nicht, darauf aufmerksam gemacht zu werden, und noch weniger, an das erinnert zu werden, was sie dereinst über die Aufgaben der Musik und die künstlerische Impotenz Richard Wagners orakelt haben.

11.

Aber wenn in der Natur an einem Punkte die Ruhe eingetreten ist, welche einen gewissen Stillstand in der Entwickelung bezeichnet, dann bewirkt die wachsende

Spannung der Kräfte an einer anderen Stelle einen Ausbruch.

Der laute Streit um die musikalischen Ideen Wagners ist verstummt [und hat in Bahnen friedlicher Entwickelung eingelenkt. Aber ein anderer nicht minder heftiger ist auf dem Gebiete der Dichtkunst und der bildenden Künste entbrannt, der eine gewisse Verwandtschaft mit dem eben besprochenen, der die Musik zum Gegenstande hatte, nicht verleugnen kann.

Hie Schönheit, hie Wahrheit, so lautet das Feldgeschrei. Die Kunst soll das Schöne darstellen, auch auf die Gefahr hin, mit der Wirklichkeit in Widerspruch zu geraten, ja gerade in der Idealisierung der Natur liegt ihre Aufgabe, sagen die Nasophilen. Nein, sagen die Nasophoben, sie darf nur das Wahre darstellen, ob es schön ist oder nicht, ist ganz egal. Eure Kunstwerke sind uns abstoßend, peinlich, widerlich, sagen die Nasophilen. Sie sollten aber nicht, sagen die Nasophoben. Sie machen auf uns ganz einen anderen Eindruck, fügen die Nasophoben hinzu. Sie sollten aber nicht, entgegnen die Nasophilen.

Und so sind wir hier bei dem Punkte angelangt, von dem wir ausgegangen sind. Die Gegensätze sind in der That genau so alt als die Kunst selbst, nur daß sie sich einander nie so schroff gegenüberstellten, nie so scharf ins Bewußtsein traten[1]). Speziell unsere Aesthetik hatte sich daran gewöhnt, auch dort, wo sie sich nicht geradezu

---

[1]) Aber schon Aristoteles hatte den Sophokles aus dem Grund über den Euripides gestellt, weil dieser die Menschen nur darstelle, wie sie seien, jener aber so, wie sie sein sollten.

als „Wissenschaft des Schönen" bezeichnete (wie bei Th. Vischer), sondern als Philosophie der Kunst (Hegel), oder doch eine Theorie der Künste in sich aufnahm (Kant, Heydenreich), es als selbstverständlich zu finden, daß sie vom Begriff des Schönen auszugehen habe, während sie dem Momente der Wahrheit meist nur soweit Beachtung schenkte, als sie die Frage, wie sich die Kunst zur Natur verhalte, in den Kreis ihrer Erörterungen zog. Das Verhältnis zwischen Schönheit und Wahrheit selbst wird gar nicht oder doch nur phraseologisch behandelt. So sagt Schelling: „Für die Vernunft erscheint die Einheit des Universums als des vollkommensten Kunstwerkes als absolute Wahrheit, für die Einbildungskraft als absolute Schönheit." Am bequemsten hat es natürlich Hegel, denn ihm ist die Idee „das allein wahrhaft Wirkliche".

12.

Für die entwickelungsgeschichtliche Betrachtung gibt es nur einen Ausgangspunkt: die Realität der Dinge, die (sei es nun thatsächliche oder scheinbare) Wirklichkeit der Außenwelt. Wir vermögen uns nun Bedürfnisse des Lebens zu denken, welche das Individuum dazu veranlaßten, sein Können in der Nachbildung von Erscheinungen der Außenwelt zu bethätigen. Seine Stimme ahmt die Laute der unbelebten und belebten Natur, zu welch letzterer auch seine Gattungsgenossen gehören, nach und gewinnt so Ausdrucks- und Verständigungsmittel, und wo die Bedürfnisse das Individuum dazu hinführen, mit Bewußtsein umgestaltend auf die umgebenden Dinge einzuwirken, d. i. zu arbeiten, werden die Vorbilder für das Anderszugestaltende in wahrgenommenen Erscheinungsformen liegen. Allein hier handelt es sich immer um eine Erscheinungen der Außenwelt nachbildende Bethätigung des Könnens, bei welcher die Aehnlichkeit des Nachgebildeten mit dem Vorbild nicht Selbstzweck ist. Wir sind aber im stande auch einzusehen, wieso die Thätigkeit des Individuums sich bewußt und unmittelbar darauf zu richten vermochte, die Natur nachzuahmen, das im Raume Nebeneinanderliegende, das in der Zeit Aufeinandergefolgte zu reproduzieren, nicht weil das Reproduzierte und das Produzierte den animalischen Bedürfnissen zu dienen vermochte, sondern weil die Reproduktion und die Versenkung in sie entstandenen Bedürfnissen abstrakterer Art entsprach. Zu dieser Einsicht kann uns jedoch zunächst der Begriff der Wahrheit allein nicht führen.

In der Einwirkung der Außenwelt auf das Individuum zeigt sich ein tiefeinschneidender Unterschied, welcher für die ganze Entwickelung von der größten Bedeutung ist. Ein Teil der Dinge und ihrer Eindrücke wirkt angenehm, anziehend, ein anderer Teil unangenehm, abstoßend. Diese Empfindungen hängen auf das innigste zusammen mit den subjektiven Momenten der Nützlichkeit und der Schädlichkeit.

Wir dürfen dies aber nicht in der Weise auffassen, daß die Entwickelung den Weg gewandelt habe, daß das Nützliche, Vorteilhafte, weil es als solches erkannt wurde, angenehme Empfindungen erweckte, das Schädliche, Gefährliche, weil es als solches erkannt wurde, unangenehme Empfindungen. Die Erkenntnis hinkt in der Entwickelung den durch natürliche Zuchtwahl gestaltenden Kräften stets in weiter Entfernung nach, erst in späteren Stadien greift die Erkenntnis fortbildend ein, wohl erst dann, wenn die Bedürfnisse dazu hinführen, die im Wege der natürlichen Zuchtwahl geschaffenen Anlagen ihres mechanisch wirkenden Charakters zu entkleiden, sie zu mildern, ja, insoweit sie überflüssig oder schädlich geworden sind, zu destruieren. Auch bei Lebewesen so niederer Organisation, daß wir ihnen gewiß keine Reflexionskraft zuzuerkennen vermögen, sehen wir, daß sie ein feines Unterscheidungsvermögen für angenehme und unangenehme Eindrücke haben, ersteren entgegenstreben, letzteren ausweichen.

Es ist darum ganz verkehrt, wenn Locke gelegentlich behauptet, es sei, nachdem einmal ein altes Weib die Vorstellung von Gespenstern mit der Vorstellung der Finsternis kombiniert habe, die Nacht von da an stets der Phantasie schrecklich und unangenehm vorgekommen.

Auch darauf kann die Angst und Scheu vor der Nacht nicht zurückgeführt werden, daß die wirklichen Gefahren, welche sie mit sich bringt oder erhöht, erkannt wurden, sondern vielmehr zunächst nur darauf, daß den Individuen gewisser Gattungen die Entstehung dieses Angstgefühles, der Scheu vor der Nacht, vorteilhaft war, daß jene, welche vermöge dieses Gefühles sich vor der Nacht instinktiv verbargen, gesichert waren, während jene, welche in ihr herumschweiften, in viel höherem Grade dem Untergange ausgesetzt waren. So bildete sich bei gewissen Gattungen, speziell beim Menschen im Wege natürlicher Zuchtwahl und Vererbung die Scheu vor der Nacht aus, während Organismen anderer Art, denen vermöge ihrer Beschaffenheit die Nacht günstigere Lebensbedingungen als der Tag bot, zu ihr hingezogen wurden. Die Fähigkeit, zwischen angenehmen und unangenehmen Eindrücken zu unterscheiden, hat mit der Erkenntnis der Vorteile, welche diese Fähigkeit mit sich bringt, so wenig zu thun, als die Fähigkeit, zwischen hell und dunkel zu unterscheiden, mit der Einsicht von der Nützlichkeit der Sehkraft. So wenig als das Sehen eine Erfindung ist, so wenig ist die ästhetische Empfindung eine solche. Aber Wohlgefallen und Widerwillen waren die sichersten Wegweiser für das Individuum, das Nützliche aufzusuchen, das Schädliche zu vermeiden, und darum entstanden sie, erstarkten sie, wurden sie zu einer Macht, welche das ganze Leben beherrscht, die Triebfeder des Handelns, die bewegende Kraft der ganzen Entwickelung geworden ist.

Es kann hier nicht weiter darauf eingegangen werden, zu zeigen, wie die vitalen Bedürfnisse dazu hinführen mochten, daß gerade diese Erscheinungen angenehme Eindrücke hervorriefen, gerade jene unangenehme, es genügt die Einsicht, daß auf dem angedeuteten Wege die Fähigkeit sich entwickeln konnte, zwischen angenehmen und unangenehmen Eindrücken zu unterscheiden und die Ursache dieses Unterschiedes in die Außenwelt zu verlegen, das Schöne dem Häßlichen [1] gegenüberzustellen.

---

[1] Auf die Bedeutung des Begriffes des Häßlichen als des „unzertrennlichen Korrelates" des Schönen für die Aesthetik hat zuerst Friedrich Schlegel (in seiner Schrift „Ueber das Studium der griechischen Poesie") hingewiesen, während die früheren Schriftsteller sich in dieser Richtung höchstens auf gelegentliche phraseologische Bemerkungen beschränkten. Ein hochinteressantes Werk hat Karl Rosenkranz in seiner „Philosophie des Häßlichen" geliefert.

War aber einmal das objektivierte Schöne als Quelle angenehmer Empfindungen erkannt, so mußte es auch um seiner selbst willen, ganz unabhängig von dem lediglich entwickelungsgeschichtlichen, gar nicht als mit ihm zusammenhängend erkannten Nützlichkeitsmoment der Objekte, Gegenstand des Wunsches werden: das Schönheitsgefühl führte zum Schönheitsbedürfnis. Das ist der Gang der ganzen entwickelungsgeschichtlichen Bewegung, daß das eine Bedürfnis, indem es der Befriedigung dienende Anlagen schafft, zugleich wieder neue Bedürfnisse hervorruft, welche weit über die ursprünglichen Bedürfnisse hinausgehen, ja, welche schließlich in ganz anderen Richtungen sich bewegen, welche selbst wieder neue Anlagen entstehen lassen, die wieder zu neuen Bedürfnissen führen — alles in stets aufsteigender, sich verfeinernder und komplizierender Organisation, bis schließlich die höheren Bedürfnisse den unmittelbaren Zusammenhang mit den vitalen ganz verloren haben, ja gelegentlich mit ihnen in direkten Widerstreit geraten: und dann beginnt die Phase des Kampfes des Verstandes gegen die Berechtigung der angeborenen Ideen.

War einmal das Schönheitsbedürfnis gegeben, dann war auch der innere Drang gegeben, es zu verwirklichen, der betrachtende Schönheitssinn wird zum schaffenden Kunstsinn.

13.

Aber es wäre verfehlt und einseitig, die Entstehung und Entwickelung nur aus dem Sinne für die Schönheit der umgebenden Natur zu erklären.

In ganz ähnlicher Weise wie die Ideen des Schönen und des Häßlichen entstanden, welche zunächst auf die ungewillkürte äußere Erscheinung der Natur sich bezogen, entwickelte sich eine andere Ideenantithese, die von Gut und Böse, welche die Willensbethätigungen der Lebewesen, insbesondere die Handlungen der Menschen zu ihrem Gegenstande hatte. Es kann hier nur flüchtig angedeutet werden, was ich teilweise in der Einleitung zu meinem Privatrechtssysteme (1883) näher auszuführen versucht habe. Der Geselligkeitstrieb war geeignet, einer Reihe vitaler Bedürfnisse die Befriedigung in ungleich erhöhtem Maße zu sichern, als dies bei allein für sich lebenden Individuen der Fall war, und so vermögen wir leicht einzusehen, daß natürliche Zuchtwahl und Vererbung ihn zu bilden und zu stärken vermochten. Aber wenn er das Mittel bot, eine Reihe seitens der Außenwelt drohender Gefahren zu vermindern, so erhöhte das Aneinanderrücken der Individuen einer Gattung die Gefahren, welche dem einzelnen seitens der Gattungsgenossen, dem Menschen seitens der Mitmenschen drohten. Da entstand und erwuchs nun in der Idee der Sittlichkeit, in der Idee, daß das Individuum gegen seine Genossen nicht feindlich handeln solle, für jeden einzelnen ein Schutz, der unendlich wirksamer ist, als die schrecklichsten Verteidigungsmittel, mit denen die Natur den Körper ausrüsten oder die der menschliche Geist ersinnen kann. Der Nachteil, der im konkreten Fall dem einzelnen daraus erwachsen mag, daß die innere Macht der sittlichen Idee und der auf sie gestützte äußere Zwang der Mitwelt ihm verwehrt, seine Existenzbedingungen sich mit Schädigung seiner Genossen zu erwerben, ist verschwindend neben dem unermeßlichen Vorteil, den er daraus zieht, daß der Zwang derselben Idee ihn selbst mit einer idealen Schutzwehr umgibt.

Aber nur dann vermag diese Idee dem Individuum zum Heile zu gereichen, wenn sie nicht seine, des einzelnen, sondern eine allgemeine Idee ist. Und so bilden sich die ethischen Anlagen nicht als rein individuelle, sondern als soziale, mit der Idee des Guten und Bösen verknüpft sich mit Notwendigkeit die Idee von der allgemeinen Gültigkeit dieser Ideen; die Veranlagung, welche dazu führt, gewissen Handlungen gegenüber Wohlgefallen, anderen gegenüber Mißfallen zu empfinden, führt dazu, Gut und Böse als allgemein gültige Kategorien gegenüberzustellen, und das geeignetste Mittel hierzu ist, ihnen höhere, ewige, unwandelbare Gesetze zu Grunde zu legen. Die Duldsamkeit auf dem Gebiete des physischen Lebens wird nur möglich bei gleichzeitiger Unduldsamkeit auf dem Gebiete der Ideen und findet daher ihre Grenze gegenüber jenen Handlungen, welche den allgemeinen Ideen widerstreiten.

14.

So haben wir zwei Ideengruppen gefunden, deren jede zwei Gegensätze in sich schließt, auf der einen Seite die Ideen des Schönen und des Häßlichen, auf der anderen Seite die Ideen des Guten und des Bösen.

Aber die natürliche Entwickelung der einzelnen Anlagen und Bedürfnisse erfolgt nicht in strenger Isolierung derselben, sondern in steter Wechselbeziehung. Was im Leben nebeneinander ist, entwickelt sich auch miteinander, eines durch das andere.

Es wurde oben angedeutet, wie einerseits die Nach=

ahmung von Erscheinungen der Außenwelt in der Sprache und einer den Stoff gestaltenden Thätigkeit aus den Bedürfnissen des Lebens entsprang, andererseits der erwachte betrachtende Schönheitssinn zum schaffenden Kunstsinn führen konnte. Aber einen ungleich mächtigeren Anstoß zur Entstehung und Entwickelung des Kunstsinnes müssen wir in den ethischen Ideen erblicken. Die Kunst ward eine der kräftigsten Stützen der ethischen Ideen, ein wesentliches Hilfsmittel für ihre Verbreitung, Kräftigung, Erhaltung und Fortbildung. Wie durch den Preis männlicher Kraft und weiblicher Schönheit diese selbst wieder an allgemeinem Ansehen und allgemeiner Würdigung gewannen und so die Kunst des Rhapsoden zur Erstarkung der anziehenden Macht männlicher und weiblicher Schönheit mithalf, zu einem Momente der natürlichen Zuchtwahl wurde, so wurde die verherrlichende Ueberlieferung von Handlungen, welche den ethischen Ideen entsprachen, ein kräftiges Mittel zur Stärkung der ethischen Ideen selbst, zur Züchtung von Handlungen, welche ihnen entsprachen und ihre Herrschaft über das Leben bethätigten.

Da die ethischen Ideen, wie gezeigt wurde, ihren praktischen Wert nur dadurch erhalten konnten, daß sie mit einer Vorstellung verknüpft waren, derzufolge sie als — zunächst für einen gewissen Kreis von Individuen[1] —

---

[1] Es ist bezeichnend für den Gang der Entwickelung, daß die ethischen Ideen zunächst nur Gültigkeit innerhalb der einzelnen eine Gemeinschaft bildenden Verbände beanspruchen und der Genosse eines anderen Stammes außerhalb des Bannkreises der ethischen Ideen steht; erst mit dem beginnenden näheren Verkehr unter den einzelnen Stämmen oder Gemeinschaften erweitert und vertieft sich die ethische Idee, bis sie endlich kosmopolitischen Charakter annimmt.

allgemein gültig und verbindlich erachtet werden mußten, bedurften sie selbst wieder einer Stütze. Es mag müßig sein zu untersuchen, in welchem Verhältnis und welcher Reihenfolge ein sich entwickelnder äußerer Zwang, die staatliche Idee einerseits, die Beziehung auf den Willen eines höheren unsichtbaren Wesens, die religiöse Idee, andererseits an der Bildung und Entwickelung der ethischen Ideen Anteil nahmen. Hier genügt der Hinweis, daß auch die Entstehung dieser Ideen sich entwickelungsgeschichtlich auffassen läßt[1]) und daß insbesondere der Sinn für Religiosität und der Kunstsinn wechselweise befruchtend aufeinander zu wirken vermochten.

15.

Bei der Behandlung der Aesthetik „von oben herab", sowohl als bei der „von unten herauf", wie Fechner die beiden Hauptmethoden derselben bezeichnet, wird gewöhnlich der Sinn für die Schönheit der äußeren Natur

---

[1]) „Die Philosophie möge zu erforschen suchen, was ihr ewig unergründlich sein wird, ob ein einziges, ewiges, persönlich denkendes Wesen die stetige Gleichmäßigkeit in die Bewegung des Stoffes gelegt hat — ob ein Riesengeist über dem Weltall schwebt als die Vereinigung all der Kräfte, die der Materie innewohnen, gleichsam die Ausdünstung des Stoffes, an den er gefesselt ist; sie möge ergrübeln, ob im Körper jedes einzelnen eine selbständig denkende Seele wohnt, oder ob der eine große Geist es ist, dessen Auge aus der zerbrechlichen Hülle des Individuums hervorflammt — oder ob etwa die Eigenschaften des rohen Stoffes, der sich in die wunderbarsten Formen füllt, sich selbst zu dem, was wir das Leben nennen, gestaltet haben, und nun im schimmernden Gewande einer fremden, außer ihnen liegenden Macht sich uns vorstellen und ihre eigenen Produkte, darunter unser eigenes Ich, als das Werk dieser Macht uns vorgaukeln." (Burckhard, Syst. I., S. 29.)

als Ausgangspunkt des Kunstsinnes angesehen. Damit steht aber eine Thatsache in seltsamem Widerspruch. Die nachweisbaren Anfänge der Kunst führen uns nämlich keineswegs, wie hiernach anzunehmen wäre, auf die Reproduktion und dichterische Beschreibung der landschaftlichen Schönheit zurück. Schon Schiller in seiner Schrift „Ueber naive und sentimentalische Dichtung" findet es befremdlich, „daß man so wenige Spuren von dem sentimentalischen Interesse, mit welchem wir Neuern an Naturscenen und an Naturcharakteren hangen können, bei den alten Griechen antrifft". Gedankenlose Nachbeter haben diese Bemerkung zu der Behauptung erweitert, den Griechen habe überhaupt der Sinn für landschaftliche Schönheit gefehlt, ein Satz, dem erst Biese[1]) die erforderliche kritische Widerlegung zu teil werden ließ. Aber das eine ist richtig, daß die nachweisbaren Kunstanfänge nicht an landschaftliche Schönheit anknüpfen, daß die Verherrlichung menschlicher Eigenschaften, die Illustrierung ethischer und religiöser Ideen viel früher den Charakter der Kunst bestimmt, als das Wohlgefallen an der Schönheit der umgebenden Natur. Die Kunst jeder Zeit knüpft an die Bedürfnisse dieser Zeit, und so finden wir, daß im heroischen Zeitalter, in welchem die Kraft des Individuums im Vordergrunde stand, ganz andere „Tugenden" gepriesen wurden, als in den Zeiten, in welchen die Entwickelung des staatlichen Sinnes zur Einschränkung des Individualismus

---

[1]) „Die Naturanschauung des Hellenismus und der Renaissance", Preuß. Jahrb. 1886, und „Die Entwickelung des Naturgefühls im Mittelalter und in der Neuzeit", ibid. 1887.

führt. Sind es dort die Heldenthaten, die Anlagen der Kraft, des Mutes, der Klugheit, welche den Dichter begeistern, so treten später die gemeinnützigeren Anlagen des Bürgersinnes, der Vaterlandsliebe, des Gehorsams an ihre Stelle, während wieder in der Theokratie die Bethätigung der Gottesunterwerfung dem Künstler Objekt seiner Darstellung wird (Buch Hiob). Erst wenn die sozialen, ethischen, religiösen Ideen einer Entwickelungsperiode so erstarkt sind, daß sie der fördernden Hilfe der Kunst nicht mehr zu bedürfen scheinen, während andererseits der selbst zum Bedürfnis emporgewachsene Kunstsinn nach stets neuer Bethätigung strebt, stets neue Objekte für seine Befriedigung sucht, vermag der reine Schönheitssinn an die führende Stelle zu treten; er bemächtigt sich dann auch der leblosen Natur mit innigerer Kraft, und die Kunstwerke selbst, welche eine frühere Periode aus den Bedürfnissen des Lebens herausgeschaffen, werden ihm zum Gegenstande bewundernder und nachstrebender Betrachtung und an sie anknüpfender nachbildender und weiterbildender Darstellung. Aber diese letztere Bewegung entsteht nicht mehr aus der treibenden Kraft der Idee, welche die früheren Kunstwerke schuf, sie verliert den naiven Charakter, welcher daraus entsprang, daß die Gesetze der natürlichen Zuchtwahl und Entwickelung wirkten, ohne in das Bewußtsein zu treten, sie verliert den volkstümlichen Charakter, welcher daraus entsprang, daß sie der Ausdruck des unbewußten Ringens der Volksseele war. An Stelle der sich allgemeine Anerkennung erkämpfenden inneren Kraft der Ideen tritt die Reflexion, welche die Kunstwerke betrachtet und, indem sie dieselben zerlegt und analysiert, die Gesetze derselben zu ergründen sucht, um dann nach diesen Gesetzen neue Kunstwerke zusammenzusetzen.

16.

Aber auch auf dem Gebiete der Ideen gibt es nur einen scheinbaren Stillstand. Alte Ideen zerbröckeln, und neue bilden sich und suchen sich Geltung zu verschaffen. Und nun entbrennt der Kampf. Wieder erfassen die neuen Ideen die Kunst und stellen sie in ihren Dienst und machen sie zur Mit= und Vorkämpferin der Revolution. Fügen sich die neuen Ideen in den Rahmen der bestehenden Gesellschaftsordnung, so ist es nur eine Revolution der Geister, erheischen sie aber eine Umgestaltung der sozialen Einrichtungen und Verhältnisse, so wird aus ihr, wenn die Ideen zu mächtig sind, als daß die Anhänger des Bestehenden sie zu erdrücken vermöchten, und wenn sie zu tief in die Interessensphären der Machthabenden einschneiden, als daß diese sich bestimmen ließen, ihnen freiwillig die geforderten Aenderungen in der sozialen Einrichtung zu konzedieren, die Revolution der Menschen. Stets sehen wir die Kunst als Vorkämpferin revolutionärer Ideen. Sie hat mitgeholfen, das Gefüge des mittel= alterlichen Staates zu erschüttern, und es ist kein äußerer Zufall, daß dieselbe Zeit, welche die französische Revolu= tion gebar, eine Periode erneuerter Blüte der Kunst war. Wenn Schiller gegen die Uebermacht der Kirche, gegen die Willkürherrschaft des Absolutismus und seiner Organe kämpfte, hat er für dieselben Ideen gekämpft, in deren Dienst andere mit blutiger Gewalt das Gefüge der Staaten zu erschüttern suchten. Und hätten Don Carlos und

Kabale und Liebe sich nicht unter dem Hochdruck der siegenden Gewalt, welche den revolutionären Ideen innewohnte, die Bühne erobert — ich bezweifle, daß man heute ihre Aufführung gestatten würde [1]).

Als dem Siege der Revolution die Reaktion folgte, legte sie mit wuchtiger Schwere ihre Fänge auch auf Kunst und Künstler. Aber der erzwungenen Ruhe folgte gegen die Mitte unseres Jahrhunderts ein neuer Sturm, und wieder war es die Kunst, welche im Dienste der gewonnenen neuen Ideen, sie kräftigend und weiterbildend, kämpfte, und die Zahl jener, welche, als „Revolutionäre" gebrandmarkt, kluge Vorsicht übend oder nachdrücklichem Rate folgend, ihre Heimat verließen, war eine ganz bedeutende.

17.

Hat die Bewegung, welche in der zweiten Hälfte des vorigen Jahrhunderts die Geister erfaßte, einen vorwiegend politischen Charakter gezeigt, so ist in der zweiten Hälfte dieses Jahrhunderts eine andere an ihre Stelle getreten, welche hauptsächlich sozialer Natur ist. Der

---

[1]) Das Hofburgtheater hat in diesem Winter in einer Reihe von volkstümlichen Nachmittagsvorstellungen Schiller, Goethe und Grillparzer einem Publikum vorgeführt, welches wohl größtenteils für gewöhnlich vom Theaterbesuche ausgeschlossen ist. Bei der Vorstellung von Kabale und Liebe saß eine Dame neben mir, welche sich wiederholt die Ohren zuhielt und unwillkürliche Zeichen eines entrüsteten Abscheus von sich gab, der kaum stärker hätte sein können, wenn etwa Holländers „Heilige Ehe" oder „Die Sitte" von Reinfels zur Aufführung gelangt wäre. Wißbegierigen Lesern sei nicht vorenthalten, daß letztgenanntes Drama in fünf Akten die Abtreibung der Leibesfrucht behandelt.

vierte Stand pocht ungestüm an die Pforten des modernen Staates, aber nicht in einer Umänderung der Regierungsform oder nicht bloß in ihr, sondern in einer völligen Umgestaltung des ganzen sozialen Lebens erblickt er das Mittel, seine Wünsche zu verwirklichen.

Und wieder sucht die neue Idee auch die Kunst in ihren Bannkreis zu ziehen, sie sich und ihren Zielen dienstbar zu machen.

In den grellsten Farben schildert der Künstler das Elend der Massen, die rohe Vertierung des täglich um seine Existenz ringenden Individuums, seine Ausbeutung durch den Besitzenden. Aber er bleibt nicht dabei stehen, er bekämpft die herrschenden Ideen in ihren Trägern, er sucht zu zeigen, daß diese Ideen der Wahrheit des Lebens nicht entsprechen, daß die rohe Genuß- und Selbstsucht sie sich nur als prunkenden und schützenden Mantel umgeschlungen haben; die Abscheu erweckende Verkommenheit wird ihm zum Gegenstande seiner Darstellung, aber nicht einer versöhnend-abschließenden Darstellung, welche zeigt, wie die soziale Ordnung schließlich den Sieg davon trägt, sondern einer Darstellung, welche sich gegen die soziale Ordnung selbst richtet, ihre Impotenz darthun will, die „Tugend" unterliegen und das „Laster" triumphieren läßt.

Einen Angelpunkt unseres sozialen Lebens bildet die Familie, und ihre Wurzel ist die Ehe. Und so richtet sich instinktiv gegen die Institution der Ehe und die Idee der Heiligkeit der Ehe offen und versteckt der Angriff. Hier wird die Idealität der freien Liebe gegenüber der nur durch sozialen Zwang zusammengehaltenen staatlich und kirchlich sanktionierten Geschlechterverbindung gepriesen, dort ein düsteres Bild des Elends der aneinander geschmiedeten Gatten entworfen.

Gerade das, was den herrschenden Idealen widerspricht, was ihre Vertreter innerlich verletzen, oder, sofern sie nur aus Interessenpolitik für ethische und soziale Ideen eintreten, doch äußerlich provozieren muß, wird zum Gegenstande der Darstellung.

Sudermann spricht einmal von der Poesie des Elends; und in der That hat die Darstellung menschlichen Elends eine erschütternde Gewalt. Aber aus der Poesie des Elends ist eine Romantik des Elends geworden. Wie die jugendlichen Geister sich früher eine im Sinne der Ideale des Schönen und Guten verklärte Welt in ihrem Innern erträumten und in ihr glückselig schwelgten, malt jetzt die schaffende Phantasie ihnen eine Welt des Häßlichen und Bösen aus, und mit einer Art selbstquälerischer Wolluſt versenken sie sich in die trüben Fluten selbstersonnenen physischen und moralischen Elends. Ein junges Mädchen hat mir vor nicht langer Zeit ein Drama überreicht; es zeugte von Talent, aber jede Figur war abstoßend: überall rohe Selbstsucht, niedrige Gesinnung, kein Lichtstrahl in dem Ganzen. Aus der Erfahrung hat die „Dichterin" gewiß nicht geschöpft, und sie hat nicht den Eindruck gemacht, als würde sie die Empfindungen und Anschauungen ihrer „Helden" teilen, ja ich bin überzeugt, wenn jemand zu ihr im Leben spräche, wie sie in ihrem Drama ihre Menschen sprechen läßt, würde sie sich entrüstet abwenden. Und doch hat sie das Buch geschrieben! Diese erwachte und rasch emporwuchernde Romantik des Elends ist gezüchtet von den Ideen, welche die herrschende soziale Ordnung bekämpfen, sie ist ein Hilfsmittel im Entwickelungskampf: je verwerflicher das Bestehende dargestellt wird, um so leichter der Kampf gegen dasselbe.

18.

Aber der neuen Richtung der Kunst stemmt sich kräftig die alte entgegen. Sie kämpft nicht nur für die herrschenden Ideen, sie kämpft auch für ihre Theorien, und kraft dieser sucht sie der „neuen Kunst" überhaupt ihre Existenzberechtigung zu bestreiten. Die Reflexion über das Wesen der Kunst hat sie ja zu dem Satze geführt, das Schöne sei Gegenstand der Kunst, sie hat der Kunst Aufgaben zugewiesen, jene fördernde Funktion, welche die Kunst bei der Entwickelung der Ideen des Schönen und Guten bethätigte, zu Zwecken der Kunst erhoben. Was ihr da macht, sagen die Alten, hat mit der Kunst gar nichts zu thun, das ist gar nicht Kunst, denn die Kunst soll das Schöne darstellen, sie soll die Gemüter läutern und erheben. Was können die Gegner darauf erwidern? Nur eines: euere Theorie ist falsch — und sie erwidern es auch. Aber eine Theorie bekämpft man am besten mit einer anderen Theorie. Die Frage der Aufgabe der Kunst ist aufgeworfen, man beantwortet sie einfach anders. Aber was soll dann die Aufgabe der Kunst sein? Das Häßliche, das abstoßend Erscheinende darzustellen, das kann man doch nicht als Aufgabe der Kunst hinstellen, wie sollte man es begründen?

Die Entwickelung der Kunst hat selbst ein anderes

Moment an die Oberfläche gearbeitet, das so recht geeignet erscheint, hier rettende Hilfe zu bieten. Die Ideen des Schönen, die Ideen des Guten finden nicht stets und überall Verwirklichung. Die Ideen müssen der Entwickelung stets voraus sein, wenn sie sie beeinflussen sollen. Und so setzt sich auch die Kunst, insofern sie sich in den Dienst von Ideen stellt, mit der Wirklichkeit nur zu leicht in Widerspruch. Sie stellt Verhältnisse dar, wie sie nach der Ansicht des Künstlers sein müßten, um den Ideen zu entsprechen, wie sie aber sehr oft, ja in ihrer gedachten oder vermeinten Vollkommenheit überhaupt nicht sind. Hat in einzelnen Perioden die treibende Kraft der Ideen die Kunst zu weit von der Wirklichkeit entfernt, so tritt die Erkenntnis von dieser Divergenz ins Bewußtsein, die Vernunft wird beunruhigt, und weil eine große Divergenz der natürlichen Entwickelung nicht förderlich ist, sondern sie eher hemmt, dient die Reaktion selbst wieder der fortschreitenden Entwickelung: das Streben nach Darstellung der Wahrheit wird zur Korrektur des Strebens nach Darstellung der Schönheit und Veranschaulichung ethischer Ideen. Diese beiden Elemente lassen sich in der Kunstgeschichte zurückverfolgen, so weit das Reflektieren über die Kunst überhaupt zurückreicht [1]). Man kann sagen, neben das Schönheitsideal ist ein Wahrheitsideal getreten.

---

[1]) Schon der alte Aristoteles erwähnt, daß man von Dingen, welche in der Natur unangenehm berühren, z. B. Leichen, häßlichen Tieren, die genauesten Abbildungen mit Vergnügen sehe — und erklärt dieses aus dem Nachahmungstrieb und der Freude an den Werken nachahmender Darstellung.

Hier nun bot sich für die neue Bewegung der Ansatzpunkt: Es ist nicht richtig, daß das Schöne Gegenstand der Kunst ist, ihr Objekt ist das Wahre. Diese Theorie mußte als ganz außerordentlich geeignet erscheinen, die Existenzberechtigung der neuen Richtung, ja noch mehr, ihre exklusive Gültigkeit darzuthun, die Existenzberechtigung des künstlerischen Schaffens der Gegner selbst als hinfällig erscheinen zu lassen. Fort mit allem aus der Kunst, wenn es der Realität des Lebens nicht entspricht, aber auch das Peinlichste, das Abstoßendste herbei, wenn es nur wahr ist. Ja, im Dienste der sozialrevolutionären Bestrebungen entwickelt sich die Tendenz, das menschliche Elend, menschliche Verkommenheit nicht als Sondererscheinungen vorzuführen, sondern ihnen typischen Charakter beizulegen, das Abstoßende, Widerliche, Peinliche als das allein und wirklich Wahre hinzustellen. So wird die Aesthetik des Schönen nicht nur zu einer Aesthetik des Wahren, sondern bei den Extremen zu einer Aesthetik des Häßlichen.

19.

Die entwickelungsgeschichtliche Betrachtung hat es nicht damit zu thun, die Erscheinungen zu kritisieren, sie sucht sie lediglich zu erklären. Aber wie sie die Gegenwart aus der Vergangenheit zu verstehen sucht, darf sie wohl auch vorsichtig und schüchtern aus der Art und den Wegen der bisherigen Entwickelung auf die Art und die Wege weiterer Entwickelung schließen.

Und da kann sie zum mindesten die Möglichkeit nicht in Abrede stellen, daß, wie so manche Ideen Wandlungen erlitten, an Macht verloren, ja zerbröckelten und zerfielen, auch die heute herrschenden Ideale sich zersetzen und verflüchtigen können. Aber noch bilden sie die Grundlagen unserer sozialen Ordnung, sind einer großen Anzahl von Menschen so tief eingewurzelt, daß der Gedanke, sie könnten etwas Wandelbares, Vergängliches sein, ihr innerstes Empfinden verletzt; noch haben sie durch Anlage, Erziehung eine solche Macht, daß jene, bei denen sie minder entwickelt sind, als unvollkommene, minderwertige Individuen erachtet werden und daß daher die große Mehrzahl jener, bei denen sie fehlen oder verstümmelt, verkümmert sind, sie zu erheucheln sucht. Und so können wir diesen Ideen zum mindesten noch ein langes Leben prognosticieren. Aber mehr noch. Wir können uns, gerade vom entwickelungsgeschichtlichen Standpunkte aus, gar nicht denken, daß diese Ideale einfach untergehen könnten, ohne sich in andere umzusetzen, anderen Platz zu machen. Denn die Macht der Ideen schützt das Individuum allein vor dem Individualismus, der, indem er das Individuum anweist, sich lediglich mittelst der Vernunft aus allen thatsächlichen Situationen sein persönliches Interesse herauszurechnen, und so jedem den nackten eigenen Vorteil als Leitlinie seiner Handlungen vorzeichnet, in gleicher Weise alle schädigen muß. Die bloße Erkenntnis dessen, daß der Individualismus als allgemeines Prinzip den allgemeinen Untergang bedeutet, ist ungenügend, jene, welchen ethische Ideen mangeln, abzuhalten, sich vom Individualismus bestimmen zu lassen, sie könnte das Individuum höchstens dazu bestimmen, ihn in Reden und nachweisbaren Handlungen

zu verleugnen, vermöchte aber nie eine Schranke zu
bilden gegen die heimlich arbeitende Selbstsucht, die wohl
wünschen würde, daß alle anderen sich Schranken auf=
erlegen, für sich selbst aber alle Schranken perhorresziert.

20.

Heute lassen sich vielleicht keine sicheren Anknüpfungs=
punkte für etwaige neue Ideale einer fernen Zukunft
nachweisen. Auch jene, welche die bestehende soziale
Ordnung mit bewußter Absicht bekämpfen, wissen nichts
zu nennen, was sie an ihre Stelle zu setzen vermöchten,
oder das was sie nennen ist doch so, daß es als in sich
unhaltbar erscheinen muß. Und so wirken sie zunächst
nur destruktiv, und destruktiven Charakter hat teilweise
auch die Kunst, welche sich in ihre Dienste gestellt hat.
Allein doch ist im Gebiete der Kunstentwickelung eine
Idee wahrnehmbar, deren Ansätze sich zwar weit zurück=
führen lassen, die aber in jüngster Zeit schärfer und
plastischer hervorgetreten ist als jemals, die Idee, daß
das Wahre als solches ein Gegenstand künstlerischer Dar=
stellung sei. Liegt hier wirklich nur eine Reaktion gegen
das überwuchernde Moment der bloßen Schönheit vor,
welches zu weit von der Realität des Lebens weggeführt
hat? Oder weist nicht vielmehr der Beifall, den wir
auch solchen Werken der Realisten nicht versagen können,
welche in ihrem Objekte unseren Sympathien wider=
streiten, darauf hin, daß neben der Fähigkeit, durch die
Bewunderung des Objektes, das der Künstler geschaffen
hat, angenehm berührt zu werden, eine andere, jedenfalls
raffiniertere, vielleicht verfeinertere Fähigkeit sich kräftig

entwickelt hat, die Fähigkeit, im Kunstwerk die Kunst des Künstlers, die Dinge zu sehen[1]) und wiederzugeben, wie sie sind[2]), zu bewundern und von dieser subjektiven Bewunderung allein kräftig angeregt zu werden?

Gewiß ist das eine: mit den schönen Theorien aus der Kiste der Aesthetik über das Wesen und die Aufgaben der Kunst ist da nichts zu richten.

Wenn der eine vom Kunstobjekte als einer Form

---

[1]) Diese Kunst ist nicht so einfach, als man auf den ersten Blick meinen möchte; gar viele lernen sie im Leben nie, und auch in der Geschichte hat sie ihre Entwickelungsphasen. So hat sich erst verhältnismäßig spät der Sinn für die Perspektive gebildet, und die unendlich langen Arme und Beine, welche wir auf den Kunstdenkmälern gewisser Perioden anzustaunen Gelegenheit haben, sind nicht lediglich auf mangelhaftes Können, sondern auch darauf zurückzuführen, daß man noch nicht gelernt hatte, auf die Größenverhältnisse zu achten.

[2]) D. i. wie sie zu sein scheinen. Wir wissen heute, dank der Momentphotographie, daß das springende Pferd in keiner Phase des Sprunges jene Körperstellung hat, welche wir beim Sprunge wahrzunehmen glauben, welche aber thatsächlich nur die Resultierende einer für unser Auge zu rasch vorübereilenden Reihe ganz anderer Körperstellungen ist. Wir wissen dies, verlangen aber doch vom Künstler, daß er uns das Pferd so zeichnet, wie wir bisher geglaubt haben, daß es im Sprunge sich hält, wie es unseren Sinnen, unserer unmittelbaren Wahrnehmung sich darstellt, nicht wie es nach unserer mittelbar erworbenen Erkenntnis sich thatsächlich hält. Wenn sich die Intervalle, in denen das Auge Aufnahmen zu machen vermag, vermindern und wir so einmal lernen würden, das heute resultierende Sprungbild mit unseren Augen in seine Komponenten zu zerlegen, würden wir auch vom Künstler eine andere Darstellung fordern: wir verlangen von dem mit uns lebenden Künstler, daß er mit unseren Augen sehe, beim Künstler einer früheren Zeit lassen wir es uns genügen, wenn er mit den Augen seiner Zeitgenossen gesehen hat.

der Schönheit, als Ausdruck ethischer Ideen entzückt zu werden vermag, wenn ein anderer die Fähigkeit in sich fühlt, von der bloßen aller Idealität entkleideten Darstellung der Wirklichkeit angenehm afficiert zu werden, so haben jedenfalls beide an der Kunst ein Gut. Wenn aber dem einen nur die eine Kunstart, dem anderen nur die andere Genuß bereiten kann, so sind sicher beide an Kunstgenuß ärmer als der dritte, der beide Anlagen in sich vereint.

Heute blicken die einen mit Verachtung auf die neue Kunstrichtung, die anderen teilweise mit Geringschätzung auf die alte. Es mag aber wohl so geschehen, wie so oft in der Natur, daß die aneinander prallenden Dinge sich die Kanten abstoßen und schließlich in eins verwachsen — oder friedlich nebeneinander bestehen.